南开法律评论

NANKAI LAW REVIEW

《南开法律评论》编辑委员会 ◇ 组编

总第十五辑

中国检察出版社

图书在版编目（CIP）数据

南开法律评论. 总第十五辑／《南开法律评论》编辑委员会组编. —北京：中国检察出版社，2021.6
ISBN 978-7-5102-2565-9

Ⅰ.①南… Ⅱ.①南… Ⅲ.①法律-文集 Ⅳ.①D9-53

中国版本图书馆 CIP 数据核字（2021）第 035890 号

南开法律评论（总第十五辑）
《南开法律评论》编辑委员会　组编

责任编辑：李冬青
技术编辑：王英英
美术编辑：曹　晓

出版发行：	中国检察出版社
社　　址：	北京市石景山区香山南路 109 号（100144）
网　　址：	中国检察出版社（www.zgjccbs.com）
编辑电话：	（010）86423753
发行电话：	（010）86423726　86423727　86423728
	（010）86423730　86423732
经　　销：	新华书店
印　　刷：	北京玺城印务有限公司
开　　本：	710 mm×960 mm　16 开
印　　张：	10
字　　数：	180 千字
版　　次：	2021 年 6 月第一版　2021 年 6 月第一次印刷
书　　号：	ISBN 978-7-5102-2565-9
定　　价：	35.00 元

检察版图书，版权所有，侵权必究
如遇图书印装质量问题本社负责调换

《南开法律评论》编委会

（以姓氏拼音为序）

学术顾问：陈　兵　　陈耀东　　程宝库　　冯学伟　　付士成
　　　　　高　通　　韩　良　　何红锋　　胡建国　　胡绪雨
　　　　　黄宇昕　　贾敬华　　贾卓威　　柯振兴　　孔令苇
　　　　　隗　佳　　李　飞　　李建人　　李蕊佚　　李晓兵
　　　　　刘安翠　　刘　芳　　刘鹏飞　　刘　萍　　刘士心
　　　　　吕怡维　　秦瑞亭　　申进忠　　石　巍　　时　晨
　　　　　史学瀛　　宋华琳　　隋　伟　　孙秋玉　　孙　炜
　　　　　唐颖侠　　万国华　　王　彬　　王　鹏　　王强军
　　　　　王瑞雪　　向　波　　谢晴川　　许光耀　　闫尔宝
　　　　　阎　愚　　杨广平　　杨文革　　于语和　　岳纯之
　　　　　张丽霞　　张　玲　　张心向　　张　勇　　张志坡
　　　　　赵晶晶　　郑泽善　　朱京安　　朱桐辉

主　　编：张崇胜
副 主 编：黄家星
编　　辑：缴皓月　　马自强　　杨雨馨　　张子玥　　赵丹丹
　　　　　朱欣琦

目　录

◆ 疫情防控背景下妨害传染病防治罪的司法适用分析
　………………………………………………………… 俞小海　001

◆ 健全宏观调控监督制度：国家治理体系和治理能力
　现代化视域下的思考 …………………………… 刘博涵　027

◆ 反不正当竞争法对商业模式及经营活动的保护
　——基于互联网领域纠纷的角度 ……………… 谭宇航　041

◆ 正当防卫的正当化根据及展开 ………………… 崔　建　060

◆ 民法典绿色原则下的我国政府采购制度构建
　………………………………………… 杨海静　周浩然　078

◆ 强奸案被害人陈述的真实性保障难题及其破解 … 张　迪　089

◆ 论物证的鉴真
　——基于物证保管机制的考察 ………………… 孔祥伟　105

◆ 举报人行政诉讼原告资格的判断
　——最高人民法院第77号指导案例裁判逻辑的检视
　………………………………………………………… 何天文　122

◆ 宪法中的国家改革与试验 … 安德烈·鲁　著　王建学　译　135

疫情防控背景下妨害传染病防治罪的司法适用分析

俞小海[*]

摘 要：2020年《关于依法惩治妨害新型冠状病毒感染肺炎疫情防控违法犯罪的意见》（以下简称2020年《意见》）是司法政策性文件。其对构成以危险方法危害公共安全罪的妨害新冠肺炎疫情防控行为方式作了细化，但关于以危险方法危害公共安全罪的成立规格和标准与2003年《关于办理妨害预防、控制突发传染病疫情等灾害的刑事案件具体应用法律若干问题的解释》（以下简称2003年《解释》）并无不同，均为"故意传播"+"危害公共安全"。通过对大量司法个案的对比分析，该司法政策性文件既是对部分司法机关无视已有规范依据、选择性机械执法等司法理念的"纠偏"，也是对宽泛适用以危险方法危害公共安全犯罪可能导致"处罚过重"和"评价不周延"的"补漏"。"场合说""法条竞合说"和基于对2020年《意见》错误理解而得出的"非此即彼"的"二分法"，均不宜成为妨害传染病防治罪与以危险方法危害公共安全犯罪的区别标准。只有"引起甲类传染病传播"结果且该结果与过失以危险方法危害公共安全罪所要求的结果具有等价性时，妨害传染病防治罪才可能与过失以危险方法危害公共安全罪成立法条竞合。两罪的区分，根本上应回归行为本身的性质，并着重把握行为主体的时空特征和以危险方法危害公共安全犯罪行为的"加害性"本质。对于妨害传染病防治罪存在的"违反传染病防治法的规定"和"有引起甲类传染病以及依法确定采取甲类传染病预防、控制措施的传染病传播或者有传播严重危险的情形"这一双重前置，应予以体系性、实质性把握。

关键词：司法解释性质文件 司法解释 加害性 双重前置

---

[*] 俞小海，华东政法大学法律学院2019级博士研究生，上海市高级人民法院研究室科长。

新冠肺炎疫情在我国暴发以来,全国人民上下一心,众志成城,经过艰苦卓绝的努力,疫情防控工作取得决定性成果。但是在疫情防控过程中,与疫情防控相关的违法犯罪行为也时有发生。2020 年 2 月 6 日,最高人民法院、最高人民检察院、公安部、司法部发布司法解释性质文件,即《关于依法惩治妨害新型冠状病毒感染肺炎疫情防控违法犯罪的意见》(以下简称 2020 年《意见》),对抗拒疫情防控措施、暴力伤医、制假售假、哄抬物价、诈骗、聚众哄抢、造谣传谣、失职渎职、贪污挪用、破坏交通设施、破坏野生动物资源等违法犯罪作了规定,为依法惩治妨害新冠肺炎疫情防控违法犯罪行为提供了依据。疫情防控工作直接关系人民群众的生命安全和身体健康,关系社会安定有序。对妨害新冠肺炎疫情防控违法犯罪的刑法惩治既要着眼于有效保障疫情防控工作顺利开展,也要着眼于对犯罪行为的精准评价。妨害传染病防治罪是妨害新冠肺炎疫情防控实践中被重新"激活"的一个刑法条文,[①] 该罪的理解与适用,既涉及 2020 年《意见》和 2003 年 5 月 15 日最高人民法院、最高人民检察院《关于办理妨害预防、控制突发传染病疫情等灾害的刑事案件具体应用法律若干问题的解释》(以下简称 2003 年《解释》) 的关系,也涉及其与以危险方法危害公共安全犯罪(《刑法》第 114 条、第 115 条)的区分,尽管目前学界对此类问题已展开相关讨论,但仍存在一定的认识误区或较大争议,有必要予以深入研究。

一、2020 年《意见》的功能定位与价值意蕴

2003 年《解释》没有提及妨害传染病防治罪的适用问题,2020 年《意见》明确提出了妨害传染病防治罪的适用情形。笔者认为,妨害传染病防治罪的理解与适用,离不开对 2020 年《意见》功能定位及其与 2003 年《解释》相互关系的把握。一般认为,2020 年《意见》和 2003 年《解释》是相互补充的关系,[②] 也有人认为二者在对拒绝执行防疫措施行为的定性上存在较大区别,主要原因包括针对的对象和颁布的时间不同、过失造成传染病传播行为适

[①] 根据我国《刑法》第 330 条第 1 款规定,妨害传染病防治罪,是指违反传染病防治法的规定,有 4 种情形之一,引起甲类传染病以及依法确定采取甲类传染病预防、控制措施的传染病传播或者有传播严重危险的行为。其法定刑为 3 年以下有期徒刑或者拘役和 3 年以上 7 年以下有期徒刑(后果特别严重时适用)两档。

[②] 参见王秀梅、司伟攀:《涉疫情以危险方法危害公共安全罪的研析》,载《法律适用》2020 年第 5 期;李翔:《重大疫情防治中刑法罪名适用研究》,载《上海政法学院学报》2020 年第 2 期。

用的罪名不同以及以危险方法危害公共安全罪适用的范围不同三个方面。① 笔者认为，以上仅是对 2020 年《意见》和 2003 年《解释》关系的直观认识，要想真正把握二者的关系，首先需对 2020 年《意见》的定位及其价值意蕴作更深入的分析。

（一）2020 年《意见》是司法政策性文件

理论上有人将 2020 年《意见》定位为司法解释。② 对此笔者不予赞同。司法解释是我国审判实践中的一种特殊制度安排。由最高人民法院和最高人民检察院行使司法解释的制定权，最早可追溯至 1955 年 6 月 23 日全国人民代表大会常务委员会《关于解释法律问题的决议》。1979 年人民法院组织法和 1981 年全国人民代表大会常务委员会《关于加强法律解释工作的决议》对最高司法机关的司法解释权再次作出明确。1983 年、1986 年、2006 年对人民法院组织法的三次修改中，均沿用了"最高人民法院对于在审判过程中如何具体应用法律、法令的问题，进行解释"的表述。司法解释在司法实践中发挥了重要作用，但是也存在"两高"对同一法律规定的应用解释不同、司法解释"立法化"或不符合立法原意、内容和形式不够规范等问题，③ 为此，2015 年修正的立法法对最高司法机关的司法解释作了不同的表述，根据《立法法》第 104 条（附则），最高人民法院、最高人民检察院作出的属于审判、检察工作中具体应用法律的解释，应当主要针对具体的法律条文，并符合立法的目的、原则和原意。④ 2018 年修正的人民法院组织法沿用了立法法关于司法解释的表述。

与司法解释相类似且在我国司法实践中广泛存在的另一种规范性文件是司法政策性文件。司法政策性文件与严格意义上的司法解释既有相同点也有不同点。相同点在于二者对于执法办案均具有指导意义，而关于二者的不同点，根据笔者的梳理归纳，则主要体现在制定主体、文件名称、文号样式、法律效

---

① 参见刘宪权、黄楠：《论拒绝执行防疫措施行为的刑法定性》，载《法治研究》2020 年第 2 期。
② 参见姜涛：《非常时期涉疫情犯罪教义学的争议问题》，载《政治与法律》2020 年第 5 期；陈伟：《新冠疫情背景下妨害传染病防治罪的解释扩张及其回归》，载《政治与法律》2020 年第 5 期。
③ 参见武增主编：《中华人民共和国立法法解读》，中国法制出版社 2015 年版，第 364 页。
④ 2000 年 3 月 15 日首次制定公布的立法法中，并无关于司法解释的规定。

力、援引方式、文件内容等六个方面。①

2020年《意见》由"两高两部"联合制定发布,文件名称为"意见",文号为"法发〔2020〕7号",内容包括"提高政治站位,充分认识疫情防控时期维护社会大局稳定的重大意义""准确适用法律,依法严惩妨害疫情防控的各类违法犯罪"和"健全完善工作机制,保障办案效果和安全"三个部分,因此是典型的司法政策性文件而非严格意义上的司法解释。实际上,2月10日中央依法治国办、中央政法委、最高人民法院、最高人民检察院、公安部、司法部等6单位联合在京举行的主题为"防控疫情、法治保障"的新闻发布会上,已经明确2020年《意见》系法律政策文件。② 最高院副院长杨万明在介绍2020年《意见》主要内容时将第二部分即"准确适用法律,依法严惩妨害疫情防控的各类违法犯罪"(共10类)解读为"针对社会关切,提出了依法严惩疫情防控违法犯罪的十大执法司法政策"。③ 3月6日召开的全国法院依法惩处妨害疫情防控犯罪工作视频会议上,对2020年《意见》和法律、司法解释作了区分性表述,④ 这些也暗含了2020年《意见》是司法政策性文件的立场。当然,司法政策性文件的定位,并不影响2020年《意见》的参照适用

---

① 司法解释的制定主体只能是"两高",而司法政策性文件的制定主体,多为"两高"联合公安部、司法部、国家安全部等;司法解释的名称为"解释""规定""批复""决定"四种,司法政策性文件则以"意见""指导意见""通知""会议纪要"等为常用名称;司法解释采用"法释〔××〕××号"的样式,司法政策性文件往往以"法发〔××〕××号""法〔××〕××号"等形式;司法解释具有法律效力,而司法政策性文件的法律效力不明;司法解释作为法院裁判依据的,应当在司法文书中援引,对于司法政策性文件,一般不在司法文书中援引,但可以作为裁判说理的依据;司法解释全篇均针对具体的法律条文适用,而司法政策性文件往往并非针对具体的法律条文,有的政策性文件虽然涉及具体法律条文适用,但往往还包括执法司法过程中的工作要求。

② 中央依法治国办副主任、司法部部长傅政华就积极推动2020年《意见》落地见效提出了四点要求,其中之一是"加强培训指导,引导广大政法干警学懂弄通法律政策文件精神,不断提升执法办案工作法治化规范化水平"。

③ 参见李阳:《中央依法治国办、中央政法委等6单位联合举行新闻发布会公布贯彻习近平总书记重要讲话精神、制定实施依法惩治妨害新冠肺炎疫情防控违法犯罪意见情况》,载《人民法院报》2020年2月11日。

④ 最高人民法院副院长李少平在讲话中提到"要严格执行刑法、刑事诉讼法、司法解释和'两高两部'《关于依法惩治妨害新型冠状病毒感染肺炎疫情防控违法犯罪的意见》",将2020年《意见》与法律、司法解释作了区分性表述。参见何东青:《全国法院依法惩处妨害疫情防控犯罪工作会议要求依法审判、突出重点、精准打击、确保效果》,载《人民法院报》2020年3月7日。

效力。① 这是对 2020 年《意见》理解与适用时首先应予以明确的一个问题。

(二) 2020 年《意见》的价值意蕴

2020 年《意见》与 2003 年《解释》是相互补充的关系，是当前学界的共识。但是如何补充，则并未深入研究。笔者认为，在"相互补充"这一宏观结论之下，应该进一步梳理研究"相互补充"关系的实质性问题。表面上看，2020 年《意见》仅针对妨害新冠肺炎疫情防控犯罪行为，具有极强的针对性，对于妨害其他传染病疫情防控犯罪行为或者在战胜新冠肺炎疫情以后均不再具有参照适用的效力。但是笔者认为，2020 年《意见》背后所体现的司法政策立场和价值意蕴，对于依法惩处妨害新冠肺炎以外的其他传染病疫情防控犯罪行为，依然具有指导意义。

1. 2020 年《意见》的"纠偏"性

应当看到，在 2020 年《意见》颁布之前，全国各地对于妨害新冠肺炎疫情防控涉嫌犯罪的行为，绝大多数均以以危险方法危害公共安全罪立案侦查，个别以过失以危险方法危害公共安全罪立案侦查。笔者搜集了通过网络媒体公开报道的涉新冠肺炎疫情犯罪行为案例 17 个，其中 15 个均以以危险方法危害公共安全罪立案侦查，以过失以危险方法危害公共安全罪立案侦查的仅有 2 例 (见表 1)。

表 1　2020 年《意见》颁布前妨害新冠肺炎疫情防控犯罪部分案例

序号	主体	行为	后果	罪名	地区	来源
1	患者（事后确诊）	隐瞒武汉居住史 + 参加多场婚宴	确诊 8 例 + 疑似 2 例 + 52 名集中隔离观察 + 91 名居家医学观察 + 3557 名医学随访	以危险方法危害公共安全罪	福建晋江	中国新闻网

---

① 有人认为，2020 年《意见》具有一定的法律适用效力，是一种"刑法适用解释"，这种法律适用效力是间接性、非强制性的。参见张勇：《妨害疫情防控行为的刑法适用之体系解释》，载《政治与法律》2020 年第 5 期。笔者不赞同这种观点。尽管司法政策性文件和司法解释具有诸多差别，但在我国，二者的参照适用效力都是强制性的、直接的（司法政策性文件不作为法律依据在裁判文书中援引，并不能否认其对定罪量刑的适用效力）。

续表

序号	主体	行为	后果	罪名	地区	来源
2	与确诊者有亲密接触	无视居家隔离告知+乘公共交通工具与他人密切接触	严重后果	以危险方法危害公共安全罪	江西赣州	央广网
3	患者（事后确诊）	隐瞒武汉经历+去医院就诊	多人隔离观察+社会危害性极大	以危险方法危害公共安全罪	江西九江	央广网
4	出现感染症状（事后确诊）	隐瞒密切接触史+输液时多次往地上吐口水	数十人隔离观察+2名医护人员感染	以危险方法危害公共安全罪	海南东方	网易新闻
5	患者（事后确诊）	故意隐瞒行程+与不特定人员接触	密切接触者医学隔离观察	以危险方法危害公共安全罪	浙江台州	网易新闻
6	患者（事后确诊）	隐瞒真实行程和活动+多次主动和周边人群密切接触	未明确	以危险方法危害公共安全罪	内蒙古霍林郭勒	中国新闻网
7	确诊者	拒不执行预防、控制措施+放任向不特定人员传播	危害公共安全	以危险方法危害公共安全罪	云南景洪	新华网
8	患者（事后确诊）	隐瞒武汉居住史	77人集中隔离	以危险方法危害公共安全罪	河北邢台	新浪网
9	患者（事后确诊）	隐瞒接触史+未采取足够防护措施与他人接触	导致其感染的新型冠状病毒存在传播的严重危险	以危险方法危害公共安全罪	广西玉林	法制日报
10	患者（事后确诊）	隐瞒武汉旅居史+多次与家人聚餐+乘坐公交车、出入浴池、超市+违规利用私家车载客盈利	多人感染+多人隔离观察	以危险方法危害公共安全罪	河南洛阳	洛阳晚报

续表

序号	主体	行为	后果	罪名	地区	来源
11	患者（事后确诊）	隐瞒武汉工作经历＋多次主动与他人密切接触	5人感染＋多人封闭隔离观察	以危险方法危害公共安全罪	吉林长春	新浪网
12	患者（事后确诊）	未将途径武汉情况上报相关部门、未采取居家隔离＋多次邀约和参与聚会、棋牌娱乐活动	3人确诊＋12名集中隔离	过失以危险方法危害公共安全罪	四川内江	中国青年网
13	患者（事后确诊）	隐瞒武汉居住史和发热情况＋与不特定人群接触	未明确	过失以危险方法危害公共安全罪	江苏徐州	中国青年网
14	患者（事后确诊）	隐瞒出入重点疫区和出现疑似症状＋未采取足够防护措施情况下与不特定的人员接触	继续传播的严重社会危险	以危险方法危害公共安全罪	安徽六安	澎湃新闻
15	患者（事后确诊）	隐瞒旅行史和接触史＋接触多人	68名医务工作者和其他49名人员全部实行隔离观察	以危险方法危害公共安全罪	山东廊坊	澎湃新闻
16	患者（事后确诊）	隐瞒途径武汉事实＋多次在外活动	30多名医护人员密切接触	以危险方法危害公共安全罪	四川雅安	澎湃新闻
17	患者（事后确诊）＋丈夫＋父亲＋知情人员	未主动报告明知的发热、咳嗽症状＋接触他人	密切接触者集中医学观察	以危险方法危害公共安全罪	广东汕头	新浪财经

从宏观上看，上述 17 个案例中，除了案例 4 和案例 7 较为符合 2003 年《解释》明确构成以危险方法危害公共安全罪必须是"故意传播突发传染病病原体"的规定和要求，其他 15 个案例的行为人当时均不知晓自己已确诊或属于疑似患者，行为方式要么是隐瞒+接触，要么是无视有关部门告知+接触，要么是不主动报告+接触，尽管导致了新冠肺炎疫情传播或传播危险、集中隔离等后果，但无论是客观上还是主观上，都很难认定行为人系"故意传播突发传染病病原体"，因而面临着法律依据不足的问题。从微观上看，也存在相同行为评价差异的问题。其他 15 个案例中，除了 2 例以过失以危险方法危害公共安全罪立案侦查，其余 13 例均以以危险方法危害公共安全罪立案侦查，而这两种情形并无本质差异。比如案例 13，新冠肺炎患者（事后确诊）隐瞒武汉居住史和发热情况，与不特定人群接触（危害后果未明确），其与案例 6 新冠肺炎患者（事后确诊）隐瞒真实行程和活动，多次主动和周边人群亲属密切接触（危害结果未明确）之情形几乎完全一致，但是前者以过失以危险方法危害公共安全罪立案侦查，后者却以以危险方法危害公共安全罪立案侦查。又如案例 12，新冠肺炎患者（事后确诊）未将途经武汉情况上报相关部门、未采取居家隔离，多次邀约和参与聚会、棋牌娱乐活动，导致 3 人被确诊，12 名密切接触人员集中隔离，与案例 5、案例 9、案例 14、案例 16、案例 17 等相比，其客观行为基本相同，而危害后果更大，但是案例 12 立案侦查涉嫌罪名（过失以危险方法危害公共安全罪）比其他案例更轻，由此极易出现罪刑不均衡现象。

在 2020 年《意见》颁布之前，江西、湖北等部分地方司法机关颁布的"通告"或"意见"中，也体现出对妨害新冠肺炎疫情防控犯罪行为以以危险方法危害公共安全犯罪论处的倾向。[①] 总之，在 2020 年《意见》颁布之前，用以危险方法危害公共安全类罪名定性妨害新冠肺炎疫情防控犯罪行为，是实务界的通行做法。显然，以危险方法危害公共安全罪呈现出扩大化和"口袋化"的趋势。2020 年《意见》列举了以以危险方法危害公共安全罪定罪处罚的两种典型行为，并对以妨害传染病防治罪定罪处罚的情形作了

---

① 参见江西省抚州市宜黄县人民法院、人民检察院、公安局《关于依法严厉打击疫情防控期间相关犯罪行为的通告》第 1 条、第 2 条；江西省抚州市资溪县人民法院、人民检察院、公安局《关于依法严厉打击疫情防控期间相关犯罪行为的通告》第 1 条、第 2 条；湖北省高级人民法院《关于充分发挥审判职能为新型冠状病毒感染的肺炎疫情防控提供司法保障和服务的意见》第 2 条。上述地方性执法意见均未涉及妨害传染病防治罪适用的规定。

规定,① 及时纠正了司法实务中大量妨害新冠肺炎疫情防控被定性为危害公共安全类犯罪的不当做法。从随后最高人民法院、最高人民检察院发布的依法办理妨害新冠肺炎疫情防控犯罪典型案例来看,对于新冠肺炎患者(事后确诊)在就诊时隐瞒武汉旅居史导致多人被隔离观察(田某某妨害传染病防治案)、新冠肺炎患者(事后确诊)隐瞒真实行程和活动轨迹大量接触他人导致多人被隔离观察(孙某某涉嫌妨害传染病防治案)、无视武汉封城防控通告驾车运送乘客进出武汉导致多人被集中隔离(尹某某涉嫌妨害传染病防治案)、与确诊者有亲密接触的人员隐瞒武汉旅居史或知情人员未主动向有关部门报告情况导致与确诊者密切接触的多人被隔离观察、多个村庄被封闭(梁某某、任某军、任某辉等人涉嫌妨害传染病防治案)、自武汉返乡的新冠肺炎患者(事后确诊)不执行居家隔离措施大量接触他人导致多人被确诊、集中隔离、医学观察、部分区域被封闭(韦某某涉嫌妨害传染病防治案)、自武汉返乡的新冠肺炎患者(事后确诊)未按要求居家隔离并隐瞒武汉旅居史大量接触他人导致多人被隔离观察(李某某涉嫌妨害传染病防治案)② 等情形均以妨害传染病防治罪论处,而这些行为类型与笔者通过网络媒体搜集的 17 个以危害公共安全类罪名立案侦查的行为类型并无本质差异。由此看来,2020 年《意见》对司法实务的"纠偏"无疑起到了立竿见影的效果。

应当看到,2020 年《意见》这一"纠偏"的实质,是执法司法理念的一次调整纠正。如果说 2003 年《解释》将妨害传染病防治行为规定为过失以危险方法危害公共安全罪论处"主要是由于 2003 年原卫生部将'非典'列入法定传染病,但未明确为甲类传染病或者按照甲类传染病管理,导致适用妨害传

---

① 根据 2020 年《意见》规定,故意传播新型冠状病毒感染肺炎病原体,具有下列情形之一,危害公共安全的,依照《刑法》第 114 条、第 115 条第 1 款的规定,以以危险方法危害公共安全罪定罪处罚:(1)已经确诊的新型冠状病毒感染肺炎病人、病原携带者,拒绝隔离治疗或者隔离期未满擅自脱离隔离治疗,并进入公共场所或者公共交通工具的;(2)新型冠状病毒感染肺炎疑似病人拒绝隔离治疗或者隔离期未满擅自脱离隔离治疗,并进入公共场所或者公共交通工具,造成新型冠状病毒传播的。2020 年《意见》同时规定,其他拒绝执行卫生防疫机构依照传染病防治法提出的防控措施,引起新型冠状病毒传播或者有传播严重危险的,依照《刑法》第 330 条的规定,以妨害传染病防治罪定罪处罚。

② 参见《人民法院依法惩处妨害疫情防控犯罪典型案例》,载《人民法院报》2020 年 3 月 11 日;《全国检察机关依法办理妨害新冠肺炎疫情防控犯罪典型案例(第一批)》,载《检察日报》2020 年 2 月 12 日;《全国检察机关依法办理妨害新冠肺炎疫情防控犯罪典型案例(第二批)》,载《检察日报》2020 年 2 月 20 日;《全国检察机关依法办理妨害新冠肺炎疫情防控犯罪典型案例(第三批)》,载《检察日报》2020 年 2 月 27 日。

染病防治罪存在障碍",①那么当 2008 年 6 月 25 日最高人民检察院、公安部关于《关于公安机关管辖的刑事案件立案追诉标准的规定（一）》（公通字〔2008〕36 号，以下简称《立案追诉标准（一）》）第 49 条已将"引起甲类传染病传播或者有传播严重危险"扩大解释为"引起甲类或者按照甲类管理的传染病传播或者有传播严重危险"，以及 2020 年 1 月 20 日《国家卫生健康委员会公告》（2020 年第 1 号）明确将新型冠状病毒感染的肺炎纳入传染病防治法规定的乙类传染病，并采取甲类传染病的预防、控制措施时，将妨害新冠肺炎疫情防控措施引起新冠肺炎传播或者有传播严重危险的行为认定为妨害传染病防治罪已经并不存在法理障碍。但司法实务仍几乎一致将这类行为以以危险方法危害公共安全犯罪论处，实际上反映出执法司法者的选择性执法、机械执法以及对以危险方法危害公共安全犯罪的特殊偏好和思维惯性。从这个角度而言，2020 年《意见》的功能价值是非常之大的。

2. 2020 年《意见》的"补漏"性

如果进一步分析，则会发现对妨害新冠肺炎疫情防控引起新冠肺炎疫情传播或者有传播严重危险的行为一律以以危险方法危害公共安全犯罪论处，存在处罚上的漏洞。根据《刑法》第 114 条规定，以其他危险方法危害公共安全，尚未造成严重后果的，处 3 年以上 10 年以下有期徒刑。理论通说认为，"其他方法"的危险性应与放火、决水、爆炸、投放危险物质等行为保持同质性、相当性。②第 115 条第 1 款规定，以其他危险方法致人重伤、死亡或者使公私财产遭受重大损失的，处 10 年以上有期徒刑、无期徒刑或者死刑。第 2 款规定，过失犯前款罪的，处 3 年以上 7 年以下有期徒刑；情节较轻的，处 3 年以下有期徒刑或者拘役。可以看出，以危险方法危害公共安全罪和过失以危险方法危害公共安全罪的起刑点就是 3 年以上有期徒刑，其中过失以危险方法危害公共安全罪的构成还要求造成"致人重伤、死亡或者使公私财产遭受重大损失的"结果。而实践中较为常见的妨害新冠肺炎疫情防控犯罪行为主要表现为新冠肺炎患者（事后确诊）在就诊或接受有关人员询问时隐瞒武汉居住史、途经史、旅游史、真实行程、密切接触史等，或与确诊者有亲密接触的人员，无视有关部门居家隔离告知义务，或新冠肺炎患者（事后确诊）或疑似症状的

---

① 孙航：《依法惩治妨害疫情防控违法犯罪切实保障人民群众生命健康安全——最高人民法院研究室主任姜启波、最高人民检察院法律政策研究室主任高景峰联合答记者问》，载《人民法院报》2020 年 2 月 28 日。

② 参见陈兴良：《口袋罪的法教义学分析：以以危险方法危害公共安全罪为例》，载《政治与法律》2013 年第 3 期；陆诗忠：《论"以危险方法危害公共安全罪"中的"危险方法"》，载《法律科学（西北政法大学学报）》2017 年第 5 期。

知情人员，不主动向有关部门报告情况，实施乘坐公共交通工具、参加聚集性活动等接触行为，导致他人被感染、集中隔离观察等。这类犯罪行为主体主观上对于自己或密切接触过的他人是否确诊并不明知，客观上实施的"隐瞒"+"接触"行为并不具有与放火、决水、爆炸、投放危险物质等同质的"危险性"，也不符合2003年《解释》关于以危险方法危害公共安全罪必须"故意传播突发传染病病原体，危害公共安全的"的要求，如果将这类犯罪行为升格为以以危险方法危害公共安全犯罪论处，处3年以上10年以下有期徒刑，显然刑罚过重。而这些行为导致的多人确诊、多人被集中隔离观察或医学观察等危害后果（特别是引起多人被集中观察或医学观察但最终无人感染），也难以被认定为致人重伤、死亡或者使公私财产遭受重大损失，因而也不符合过失以危险方法危害公共安全罪的结果要件，如果坚持套用过失以危险方法危害公共安全罪可能造成无罪的结果。由此导致对于妨害新冠肺炎疫情防控犯罪行为的惩处存在处罚上的"漏洞"。

这种情况下，亟须重新"激活"妨害传染病防治罪的条文，在明确以危险方法危害公共安全犯罪论处的典型行为的同时，及时发挥妨害传染病防治罪对其他危害公共安全但不适宜或者无法以以危险方法危害公共安全犯罪论处的妨害新冠肺炎疫情防控犯罪行为的"兜底"作用（妨害传染病防治罪危险犯的性质也完全可以起到"兜底"作用），进而实现对妨害新冠肺炎疫情防控犯罪行为的差异化、精确化评价。从司法机关对妨害新冠肺炎疫情防控犯罪行为的已有判决结果来看，处罚均较轻，[①] 基本达到了2020年《意见》对适用以危险方法危害公共安全犯罪可能导致的"处罚过重"和"评价不周延"两个层面的"补漏"效果。

二、妨害传染病防治罪与以危险方法危害公共安全犯罪的区分

对妨害传染病防治罪与以危险方法危害公共安全犯罪的准确区分，是妨害传染病防治罪理解与适用中无法回避的一个问题。笔者认为，关于妨害传染病防治罪与以危险方法危害公共安全犯罪的准确区分，一方面应当澄清当前理论界关于二者区分的种种误区；另一方面应当回归二者行为性质的差异，并在此基础上提出妥当的解决思路。

---

① 参见崔善红：《海南一确诊男子犯妨害传染病防治罪获刑一年》，载《人民法院报》2020年2月22日；程勇、蔡蕾：《发布首批4起妨害新冠肺炎疫情防控犯罪典型案例，湖北法院依法从重从快打击涉疫情犯罪》，载《人民法院报》2020年2月22日。

（一）关于当前理论界相关认识误区的评析

在妨害传染病防治罪的刑法条文被司法实务"激活"的同时，该罪也引起了刑法理论界的广泛关注，围绕该罪与以危险方法危害公共安全犯罪的区分，学界也形成了诸多论述。综合梳理当前刑法学界关于二罪相区分的种种论述，笔者认为，有三个认识误区亟须辨证：

第一，"场合说"及其辨证。针对妨害传染病防治罪和以危险方法危害公共安全犯罪的区分，有人提出"场合说"，认为当两罪在犯罪主体上出现重合时，行为发生场合的不同则是区分两罪的关键所在。过失造成传染病传播或者有传播严重风险，行为发生在"日常生活"中构成过失以危险方法危害公共安全罪，行为发生在"疫情防控期间"则构成妨害传染病防治罪。① 这一观点初看似乎有一定道理，但是仔细分析则会发现其不合理性。传染病的种类很多，有些传染病系突发性（如"非典""新冠肺炎"），有些则存在于日常生活中（如传染病防治法规定的艾滋病、病毒性肝炎、脊髓灰质炎、麻疹、流行性出血热、狂犬病等），显然，并非所有的传染病都会导致全国或地区性的疫情防控措施，因而也就不存在所谓的"疫情防控期间"。实际上，妨害传染病防治的行为既可能发生于疫情防控期间，也可能发生于日常生活中，而且"疫情防控期间"与"日常生活"存在较大交叉，二者根本无法有效区分，究竟以什么罪名予以认定，需要结合行为本身的性质和社会危害性，并不会因为场合的不同而发生改变。我国刑法条文确实存在个别因场合不同而适用不同罪名的例子，但这也是因为不同罪名对犯罪构成要件的要求不同，而并非因为行为场合不同就决定了罪名适用的不同。抛开妨害传染病防治罪和以危险方法危害公共安全犯罪行为本身的差异，人为将两罪适用场合的不同作为区分两罪的标准，极有可能导致刑法评价的偏差。

第二，"法条竞合说"及其辨证。与上述"场合说"观点相类似的一种观点是，妨害传染病防治罪与过失以危险方法危害公共安全罪是法条竞合关系。该种观点指出，妨害传染病防治罪危害公共卫生，实际上也是一种危害公共安全的行为，其与过失以危险方法危害公共安全罪，实际上是法条竞合关系，应当按照特别法优于一般法的适用原则，优先适用妨害传染病防治罪。② 按照这

---

① 参见刘宪权、黄楠：《论拒绝执行防疫措施行为的刑法定性》，载《法治研究》2020年第2期。
② 参见孙航：《依法惩治妨害疫情防控违法犯罪切实保障人民群众生命健康安全——最高人民法院研究室主任姜启波、最高人民检察院法律政策研究室主任高景峰联合答记者问》，载《人民法院报》2020年2月28日。

种理解，对于妨害新冠肺炎疫情防控措施引起新冠肺炎传播或传播严重危险的行为，实际上已经没有过失以危险方法危害公共安全罪的适用空间。笔者认为，这种观点虽然符合 2020 年《意见》的政策导向，但一方面，其立论依据和"场合说"是一脉相承的，实际上是将"场合说"的法理化，这也决定了"法条竞合说"面临着和"场合说"一样的缺陷。另一方面，"法条竞合说"本身也存在法理难题。一般认为，法条竞合时，不管现实案情如何，两个条文都具有竞合关系，或者说，是否具有法条竞合关系，并不取决于案件事实，而是取决于法条之间是否存在包容与交叉关系。换言之，触犯一个法条（如特别法条、重法条等）便必然触犯另一法条（如普通法条、轻法条）时，属于法条竞合。① 比如，实施我国《刑法》分则第三章第五节"金融诈骗罪"的行为，触犯金融诈骗类法条的同时，必然触犯《刑法》第 266 条普通诈骗罪的条文，因而金融诈骗犯罪条文与普通诈骗罪条文之间具有法条竞合关系。但是触犯妨害传染病防治罪的条文，是否必然触犯过失以危险方法危害公共安全罪？答案显然是否定的。根据我国《刑法》第 115 条第 2 款，过失以危险方法危害公共安全罪是结果犯，必须发生《刑法》第 115 条第 1 款"致人重伤、死亡或者使公私财产遭受重大损失"的结果，而妨害传染病防治罪同时规定了结果犯和危险犯，构成妨害传染病防治罪危险犯即"引起甲类传染病有传播严重危险"时，不可能触犯过失以危险方法危害公共安全罪的条文，因而与过失以危险方法危害公共安全罪并不成立法条竞合关系。只有当构成妨害传染病防治罪结果犯即"引起甲类传染病传播"且该种结果与过失以危险方法危害公共安全所要求的"致人重伤、死亡或者使公私财产遭受重大损失"这一结果具有等价性时，妨害传染病防治罪才可能与过失以危险方法危害公共安全罪成立法条竞合，因此笔者认为，妨害传染病防治罪与过失以危险方法危害公共安全罪之间是一种不完全的法条竞合关系。

第三，2020 年《意见》关于两罪"非此即彼说"及其辨证。2020 年《意见》颁布以后，学界给予了极高的评价，围绕该《意见》，学界也展开了广泛的探讨，其中一种倾向性意见是，对于故意传播传染病病原体危害公共安全的行为适用以危险方法危害公共安全罪，2003 年《解释》无明确限定适用的具体情形，而 2020 年《意见》则作了明确限定并具有排他性。2020 年《意见》规定，只有两种特定情形才能以以危险方法危害公共安全罪认定，其他拒绝执行防疫措施造成传染病传播或者有传播严重危险的行为均应以妨害传染病防治

---

① 参见张明楷：《刑法分则的解释原理（下）》（第二版），中国人民大学出版社 2011 年版，第 686—687 页。

罪认定。① 显然，该种观点一方面将 2020 年《意见》作了"非此即彼"的"二分法"；另一方面将 2020 年《意见》中"其他拒绝执行卫生防疫机构依照传染病防治法提出的防控措施，引起新型冠状病毒传播或者有传播严重危险"中的"其他"作了扩大理解，即既包括确诊者和疑似患者以外的其他主体，也包括以以危险方法危害公共安全罪论处的两类典型行为之外的其他引起新型冠状病毒传播或者有传播严重危险的行为。与此相类似的一种观点是，2020 年《意见》通过对在 2003 年《解释》中未出现过的妨害传染病防治罪的适用，扩张了针对传播病毒行为的惩罚范围。② 还有人认为，2020 年《意见》扩大了妨害传染病防治罪之适用范围。③ 笔者认为，上述这种认识有失偏颇。这种认识的背后，其实是对 2020 年《意见》与 2003 年《解释》二者真实关系的误解。前文已经分析，2020 年《意见》是对之前司法实务的一种"纠偏"和"补漏"，但主要侧重于执法司法理念层面。通过对比 2020 年《意见》和 2003 年《解释》具体规定可以看出（见表 2），在规则规范层面，2020 年《意见》关于以危险方法危害公共安全罪的规定，并未超出 2003 年《解释》的范畴。

表 2　2020 年《意见》与 2003 年《解释》部分规定对比

类型	2003 年《解释》		2020 年《意见》		
主体	一般主体	传染病患者/疑似患者	确诊者	疑似者	其他
行为	传播突发传染病病原体	拒绝接受检疫、强制隔离/治疗	拒绝隔离治疗/隔离期未满擅自脱离隔离治疗+进入公共场所或公共交通工具	拒绝隔离治疗/隔离期未满擅自脱离隔离治疗+进入公共场所或者公共交通工具	拒绝执行卫生防疫机构依照传染病防治法提出的防控措施
主观	故意（传播）	过失	故意（传播）	故意（传播）	未明确

---

①　参见刘宪权、黄楠：《论拒绝执行防疫措施行为的刑法定性》，载《法治研究》2020 年第 2 期；李文峰：《准确适用妨害传染病防治罪，依法严惩抗拒疫情防控措施犯罪》，载《检察日报》2020 年 2 月 12 日。

②　参见车浩：《刑事政策的精准化：通过犯罪学抵达刑法适用——以疫期犯罪的刑法应对为中心》，载《法学》2020 年第 3 期。

③　参见姜涛：《非常时期涉疫情犯罪教义学的争议问题》，载《政治与法律》2020 年第 5 期。

续表

类型	2003年《解释》		2020年《意见》		
主体	一般主体	传染病患者/疑似患者	确诊者	疑似者	其他
结果	危害公共安全	造成传染病传播+情节严重+危害公共安全	危害公共安全	危害公共安全+造成新型冠状病毒传播	引起新型冠状病毒传播/有传播严重危险
罪名	以危险方法危害公共安全罪	过失以危险方法危害公共安全罪	以危险方法危害公共安全罪	以危险方法危害公共安全罪	妨害传染病防治罪

  2003年《解释》对以危险方法危害公共安全罪作了原则性、指引性的规定，周延性较强，而2020年《意见》对以危险方法危害公共安全罪作了两种类型的列举，进一步细化了罪状。但无论是2003年《解释》还是2020年《意见》，关于妨害传染病防治行为构成以危险方法危害公共安全罪的前提条件均是"故意传播"+"危害公共安全"，2003年《解释》为"故意传播突发传染病病原体，危害公共安全"，2020年《意见》为"故意传播新型冠状病毒感染肺炎病原体，危害公共安全"。由此可见，2003年《解释》和2020年《意见》关于妨害传染病防治行为以以危险方法危害公共安全罪定罪的要求和规格并无实质差异。显然，对于行为人故意传播突发传染病病原体（包括新冠肺炎病原体），危害公共安全的，都应该按照以危险方法危害公共安全罪论处，而不应认为只有2020年《意见》规定的两种主体、两种特定情形才能以以危险方法危害公共安全罪认定。对于能适用2020年《意见》的适用2020年《意见》，无法直接参照适用2020年《意见》的，则应直接适用2003年《解释》。据此，如果确诊者、疑似者故意传播新冠肺炎病原体，危害公共安全，实施2020年《意见》明确的两类妨害新冠肺炎疫情防控措施的行为，应按照2020年《意见》的规定，以以危险方法危害公共安全罪定罪处罚；如果实施2020年《意见》明确的两类特定情形以外的其他妨害新冠肺炎疫情防控措施行为，无论是确诊者、疑似者实施，还是一般主体实施，只要满足"故意传播新冠肺炎病原体（或者其他突发传染病病原体）"+"危害公共安全"的条件，就应按照2003年《解释》的规定，以以危险方法危害公共安全罪定罪处罚。笔者认为，这才是2020年《意见》和2003年《解释》相互关

系的恰当、合理理解。因此,对于2020年《意见》中"其他拒绝执行卫生防疫机构依照传染病防治法提出的防控措施,引起新型冠状病毒传播或者有传播严重危险"中的"其他",只能从行为性质角度作限缩性解释,将其定位为"故意传播新冠肺炎病原体,危害公共安全"以外的其他引起新型冠状病毒传播或者有传播严重危险的妨害新冠肺炎疫情防控行为。

(二)准确把握犯罪行为主体的时空特征

不可否认,新冠肺炎疫情的防控实践涉及确诊者、疑似者、无症状感染者、密切接触者、重点人员等多种行为主体,这些行为主体的行为都可能构成疫情防控时期的犯罪,根据上文分析,在罪名上既可能涉及以危险方法危害公共安全犯罪,也可能涉及妨害传染病防治罪。应当看到,新冠肺炎疫情防控错综复杂,一方面,密切接触者、重点人员与疑似者、无症状感染者、确诊者乃至正常人之间存在相互转化的可能性。比如,随着时间的推移,重点人员转变为确诊者或疑似者;又如,密切接触者既可能转化为疑似者,也可能转化为正常人;再如,疑似者既可能转化为确诊者,也可能转化为正常人,同理,确诊者、无症状感染者也存在多个方向的转变。另一方面,随着我国医疗卫生主管部门对新冠肺炎认识的不断深入,我国关于上述主体的类型及相应界定标准也一直处于变化之中,而这类前置性规定的调整,极有可能影响到对这些行为主体所实施犯罪行为的定性。比如,2020年2月4日国家卫生健康委、国家中医药管理局《新型冠状病毒感染的肺炎诊疗方案(试行第五版)》新增了"临床诊断病例",[①] 而在2月28日、3月3日印发的《新型冠状病毒肺炎诊疗方案(试行第六版)》和《新型冠状病毒肺炎诊疗方案(试行第七版)》中,则取消了"临床诊断病例"的名称。[②] 又如,关于疑似病例的诊断标准,《新型冠状病毒感染的肺炎诊疗方案(试行第五版)》《新型冠状病毒感染的肺炎诊疗方案(试行第四版)》《新型冠状病毒感染的肺炎诊疗方案(试行第三版)》均有不同的规定,而《新型冠状病毒肺炎诊疗方案(试行第七版)》首次对疑似病例诊断标准之一流行病学史中的"聚集性发病"作了解释;[③] 关于确诊病例的诊断标准,《新型冠状病毒感染的肺炎诊疗方案(试行第四版)》和《新

---

① 根据《新型冠状病毒感染的肺炎诊疗方案(试行第五版)》,"临床诊断病例"是指"疑似病例具有肺炎影像学特征者"。

② 从"试行第五版(修正版)"开始,《诊疗方案》的名称由《新型冠状病毒感染的肺炎诊疗方案》改为《新型冠状病毒肺炎诊疗方案》。

③ 根据《新型冠状病毒肺炎诊疗方案(试行第七版)》,"聚集性发病"是指2周内在小范围如家庭、办公室、学习班级等场所,出现2例及以上发热和/或呼吸道症状的病例。

型冠状病毒感染的肺炎诊疗方案（试行第三版）》并不一样（实时荧光 RT – PCR 检测标本种类不同）①。伴随着不同主体身份转化以及前置性规定调整而来的是新冠肺炎传播风险的不同，由此决定了其所实施妨害新冠肺炎疫情防控行为社会危害性的不同，因而需要在刑法评价时予以实质性、特殊性把握，以实现刑法调整的精确性和公正性。

笔者认为，在应对密切接触者、重点人员与疑似者、无症状感染者、确诊者之间的转化并作刑法评价时，一方面，要准确把握行为主体身份的时空特征，即要准确把握行为人在实施妨害新冠肺炎疫情防控危害行为当时所具有的病患身份，以此为基础来对行为人妨害新冠肺炎疫情防控的行为予以定性。不同主体的病患身份应以某种形式确认，以满足行为人客观行为危害性和主观犯意的最低限度要求。无论是密切接触者、重点人员，还是疑似者、无症状感染者、确诊者，都应在该主体实施行为之前或实施过程中予以确认。确诊者、无症状感染者和疑似病例均需医疗诊断，根据"两高相关部门负责人联合答记者问"相关精神，应当以医疗机构出具的诊断结论、检验报告等为依据。② 而密切接触者、重点人员由于无法或并不需要医学诊断，③ 但在实施医学观察时，应当书面或口头告知医学观察的缘由、期限、法律依据、注意事项和疾病相关知识等。只有得到医学诊断或告知后实施的妨害疫情防控行为，行为人主观上才至少具有"应当预见自己的行为可能发生危害社会的结果，因为疏忽大意而没有预见，或者已经预见但轻信能够避免的心理态度"，进而可能对行为人所实施的客观行为予以追责。

另一方面，要结合主体身份的时空特征对行为主体能否"引起甲类传染病传播或者有传播严重危险"作现实、具体、明确的判断。"两高相关部门负责人联合答记者问（二）"指出，如果行为人虽有妨害国境卫生检疫的行为，

---

① 《新型冠状病毒感染的肺炎诊疗方案（试行第三版）》规定实时荧光 RT – PCR 检测标本种类为痰液、咽拭子、下呼吸道分泌物等标本，而《新型冠状病毒感染的肺炎诊疗方案（试行第四版）》规定实时荧光 RT – PCR 检测标本种类为呼吸道标本或血液标本。《新型冠状病毒肺炎诊疗方案（试行第六版）》则去掉了"呼吸道标本或血液标本"的列举，直接规定"实时荧光 RT – PCR 检测新型冠状病毒核酸阳性"。

② 参见孙航：《依法惩治妨害疫情防控违法犯罪切实保障人民群众生命健康安全——最高人民法院研究室主任姜启波、最高人民检察院法律政策研究室主任高景峰联合答记者问》，载《人民法院报》2020 年 2 月 28 日。

③ 根据《新型冠状病毒肺炎防控方案（第六版）》，密切接触者指从疑似病例和确诊病例症状出现前 2 天开始，或无症状感染者标本采样前 2 天开始，未采取有效防护与其有近距离接触的人员。关于重点人员，目前我国并无明确定义，主要可通过是否有武汉市及周边地区，或其他有病例报告社区的旅行史或居住史，是否接触过来自武汉市及周边地区，或来自有病例报告社区的发热或有呼吸道症状患者等判断。

但综合全案事实,认定其不可能引起新冠肺炎传播或者有传播严重危险的,不符合妨害国境卫生检疫罪的入罪要件。对于 2020 年《意见》规定的"引起新型冠状病毒传播或者有传播严重危险"的认定,司法适用中可以参照上述精神予以把握。① 据此笔者认为,在对"引起新型冠状病毒传播或者有传播严重危险"的具体判断中,关键应把握是否存在新冠肺炎确诊者和病原携带者。显然,如果事后未被确诊为新冠肺炎病人、病原携带者,则客观上不可能"引起新型冠状病毒传播或者有传播严重危险",因而不宜按照妨害传染病防治罪处理。这里面涉及两类行为:一是行为人本人(疑似者、重点人员、密切接触者等)实施的妨害新冠肺炎疫情防控行为,如果本人事后被确诊为新冠肺炎病人、病原携带者,则其在被确诊前实施的妨害行为具有"引起新型冠状病毒传播或者有传播严重危险";二是密切接触者、知情人员实施的瞒报、不报等妨害新冠疫情行为,如果瞒报、不报的对象最终被确诊为新冠肺炎病人、病原携带者,则密切接触者、知情人员实施的妨害行为也具有"引起新型冠状病毒传播或者有传播严重危险"。这一思路也得到了"两高"发布系列典型案例的印证。比如,山东成武田某某妨害传染病防治案中,田某某的身份就实现了由重点人员到疑似者再到确诊者的转变;② 四川南充孙某某妨害传染病防治案、湖北嘉鱼尹某某妨害传染病防治案、广西来宾韦某某妨害传染病防治案、上海金山李某某等妨害传染病防治案中,犯罪嫌疑人的身份均实现了由重点人员向确诊者的转变,③ 上述主体事后均被确诊,因而事实上具有"引起新型冠状病毒传播或者有传播严重危险"。其实施妨害新冠肺炎疫情防控行为,并进入公共场所或者公共交通工具,客观上危害了公共安全,但妨害行为系在被确诊和被隔离治疗之前实施,不符合 2020 年《意见》关于以危险方法危害公共安全罪构成要件的主体身份,也难以认定行为人"故意传播新型冠状病毒感染肺炎病原体",因而司法机关以妨害传染病防治罪论处是恰当的。而在河北内丘梁某某、任某军、任某辉等涉嫌妨害传染病防治案中,梁某某的

---

① 参见孙航:《依法惩治妨害疫情防控违法犯罪切实保障人民群众生命健康安全——最高人民法院研究室主任姜启波、最高人民检察院法律政策研究室主任高景峰联合答记者问(二)》,载《人民法院报》2020 年 3 月 25 日。
② 参见《人民法院依法惩处妨害疫情防控犯罪典型案例》,载《人民法院报》2020 年 3 月 11 日。
③ 参见《全国检察机关依法办理妨害新冠肺炎疫情防控犯罪典型案例(第一批)》,载《检察日报》2020 年 2 月 12 日;《全国检察机关依法办理妨害新冠肺炎疫情防控犯罪典型案例(第二批)》,载《检察日报》2020 年 2 月 20 日;《全国检察机关依法办理妨害新冠肺炎疫情防控犯罪典型案例(第三批)》,载《检察日报》2020 年 2 月 27 日。

身份实现了由重点人员到密切接触者的转变，①虽梁某某本人最终未被确诊，但其密切接触的刘某某事后被确诊，因此密切接触者梁某某、知情人员任某军和任某辉的隐瞒、不报行为，具有"引起新型冠状病毒传播或者有传播严重危险"，将其按照妨害传染病防治罪论处也是妥当的。

（三）准确把握以危险方法危害公共安全犯罪行为的"加害性"本质

有人认为，2020年《意见》在罗列以危险方法危害公共安全犯罪客观方面表现的前面，着重加了"故意传播新型冠状病毒感染肺炎病原体"的要求。即2020年《意见》在规定该罪客观行为表现的同时，着重对行为人主观上作了特别严格的限定。②笔者在上文分析已经得出，对以危险方法危害公共安全主观方面所作的这种限定，并非2020年《意见》的"专利"，也并非着重增加。2020年《意见》针对以危险方法危害公共安全罪设定的"故意传播新型冠状病毒感染肺炎病原体"这一前提，与2003年《解释》针对以危险方法危害公共安全犯罪设定的"故意传播突发传染病病原体"完全一致。这说明，对以危险方法危害公共安全犯罪行为人主观上的严格限定，是我国一以贯之的司法政策和精神，此其一。其二，无论是2020年《意见》规定的"故意传播新型冠状病毒感染肺炎病原体"，还是2003年《解释》明确的"故意传播突发传染病病原体"，都并非仅仅对行为人主观上的要求，而是对危害公共安全犯罪主客观上的要求。主观上，行为人必须是基于"故意"传播的心态；客观上，行为人必须实施了故意"传播"的行为。而"故意传播突发传染病病原体"或"故意传播新型冠状病毒感染肺炎病原体"的主客观方面表现，才是以危险方法危害公共安全犯罪和妨害传染病防治罪的根本区别。

鉴于犯罪嫌疑人主观故意认定的困难，学界有人主张借鉴严格责任制度，将罪过的证明责任转移到被告人一方，控方只需证明其实施了危害公共安全的行为即可，这也符合从严、从重、从快处罚目前涉疫情危害公共安全犯罪的有关要求。③笔者认为，严格责任是英美法中的一个概念，关于严格责任的基本内涵，无论是我国刑法理论还是英美刑法理论均存在较大争议，其具体适用则涉及刑事实体法和刑事程序法的配合衔接、执法办案人员理念转变等多个方面。在疫情防控中引入严格责任，人为降低控方的证明责任，并不存在法律和

---

① 参见《全国检察机关依法办理妨害新冠肺炎疫情防控犯罪典型案例（第三批）》，载《检察日报》2020年2月27日。
② 参见刘宪权、黄楠：《论拒绝执行防疫措施行为的刑法定性》，载《法治研究》2020年第2期。
③ 参见王秀梅、司伟攀：《涉疫情以危险方法危害公共安全罪的研析》，载《法律适用》2020年第5期。

法理依据。笔者主张,在对"故意传播突发传染病病原体"或"故意传播新型冠状病毒感染肺炎病原体"的认定中,应当坚持客观标准优于主观标准,在出现一定的客观行为之后,即可推定行为人的主观故意,由此,从行为主义的角度真正为以危险方法危害公共安全犯罪与妨害传染病防治罪的区分提供一条相对清晰的标准。这里需要准确界定的是,客观行为需要具备什么样的属性,才可认为是以危险方法危害公共安全类犯罪的行为?理论上认为,根据传染病传播的主要路径——飞沫传染和接触传染甚至是气溶胶传播分析,行为人在"携带"传染病病原体且未采取任何防护措施的情况下,参与公众活动,与不特定人或者多数人接触,在客观上存在危险,且该危险转化为现实的可能性非常大,可以适用以危险方法危害公共安全罪。① 笔者认为,该种观点仅仅是对 2020 年《意见》规定以以危险方法危害公共安全罪论处的两种情形的同义表述,并未揭示出 2020 年《意见》背后对妨害新冠肺炎疫情防控行为以以危险方法危害公共安全罪论处的深层次考量以及以危险方法危害公共安全罪客观行为的本质,而且根据这种观点,以危险方法危害公共安全罪在妨害新冠肺炎疫情防控行为中的适用极有可能呈现扩大化的趋势,因而并不足取。

笔者提出,需要考虑的问题是,行为人所实施的妨害新冠肺炎疫情防控行为本身是否具有明显的"加害性"。典型的具有明显加害性的情形,如行为人为报复他人或社会,将自己所明知感染的病毒作为一种犯罪工具在公共场所恶意传播,或者行为人明知他人已感染新冠病毒,在帮助排除隔离治疗后将感染者置于公共场所恶意传播,此时的行为主体既可能是确诊者,也可能是疑似者,还可能是密切接触者、重点人员甚至正常人,行为人除了"拒绝隔离治疗或者隔离期未满擅自脱离隔离治疗"这一"妨害"行为之外,还实施了新的"加害"行为,实际上是"妨害"和"加害"行为的结合。而如果行为人实施了"拒绝隔离治疗或者隔离期未满擅自脱离隔离治疗"或"拒绝医学观察或者观察期未满擅自脱离医学观察"的行为后仅实施了社会通常意义上的一般行为(如乘坐交通工具回家、驾驶车辆接送亲友、参加聚会等),即便这种一般意义上的行为客观上存在"有害性"并导致了传染病病原体传播或者有传播严重危险,也与"加害"行为存在本质差异。对于前者,宜以危害公共安全类犯罪论处;对于后者,则可考虑认定为妨害传染病防治罪。② 判断行为是否具有"加害性",一方面,应着眼于该行为是否为社会通常意义上可以

---

① 参见李翔:《重大疫情防治中刑法罪名适用研究》,载《上海政法学院学报》2020 年第 2 期。
② 当然,最终能否认定为妨害传染病防治罪,还取决于传染病种类是否属于甲类或者按照甲类管理等其他要件。

理解的行为，乘坐交通工具、走亲访友、去公共场所购物、参加聚会等可认为是社会通常行为；而如果在乘坐交通工具、进入公共场所、参加聚会过程中故意摘掉口罩、随意往地上吐口水，就诊时向医护人员吐口水，以及明知他人感染仍将他人置于公共场所等，则与社会通常意义明显不符。另一方面，应着眼于行为人实施该类行为时是否尽到了防护义务，如是否按要求采取佩戴口罩等防护措施。

由此看来，在妨害新冠肺炎疫情防控犯罪行为的定性中，行为主体的类型只是一种倾向性参考，真正决定行为性质的是行为的本质属性。值得注意的是，2020年《意见》规定的确诊者、病原携带者、疑似者"拒绝隔离治疗或者隔离期未满擅自脱离隔离治疗，并进入公共场所或者公共交通工具"的行为，即是"妨害"＋"有害"行为，单纯这种情形，不宜以以危险方法危害公共安全罪论处，因此加上"故意传播新型冠状病毒感染肺炎病原体"这一前提，就使得"妨害"＋"有害"行为升格为"妨害"＋"加害"行为，显然应以以危险方法危害公共安全罪论处。2003年《解释》虽然对以危险方法危害公共安全罪的规定较为简单，但"故意传播突发传染病病原体，危害公共安全"这一表述，也隐含了"加害性"的要求。除了2020年《意见》和2003年《解释》，还可以从2009年9月最高人民法院《关于醉酒驾车犯罪法律适用问题的意见》（法发〔2009〕47号）、2019年1月28日最高人民法院、最高人民检察院、公安部《关于依法惩治妨害公共交通工具安全驾驶违法犯罪行为的指导意见》（公通字〔2019〕1号）、2019年10月21日最高人民法院《关于依法妥善审理高空抛物、坠物案件的意见》（法发〔2019〕25号）、2020年1月10日最高人民法院、最高人民检察院、公安部《关于依法惩治袭警违法犯罪行为的指导意见》（公通字〔2019〕32号）等司法政策性文中得到佐证。上述列举的司法政策性文件中明确的无论是醉酒驾车肇事后继续驾车冲撞，还是在公共交通工具行驶过程中实施抢夺方向盘、变速杆等操纵装置，殴打、拉拽驾驶人员，还是故意从高空抛弃物品，抑或驾车冲撞、碾轧、拖拽、剐蹭民警，或者挤别、碰撞正在执行职务的警用车辆，行为本身均具有明显的"加害性"特征，危害公共安全的，显然应当以以危险方法危害公共安全罪定罪处罚。

三、成立妨害传染病防治罪的"双重前置"问题

妨害传染病防治罪是我国刑法中典型的法定犯。但也应当看到，传染病的突发性、防控范围的广泛性、防控举措的复杂性等，都决定了本罪的妨害行为

不仅要符合"违反传染病防治法的规定"这一中观、静止的规范"前置",还应符合违反具体防控举措这一微观、变动的事实"前置"。

(一)"违反传染病防治法的规定"的规范前置

我国 1979 年刑法规定了妨害国境卫生检疫罪,但并未规定妨害传染病防治罪。1989 年 2 月 21 日《传染病防治法》第 35 条规定,违反本法规定,有下列行为之一的,由县级以上政府卫生行政部门责令限期改正,可以处以罚款;有造成传染病流行危险的,由卫生行政部门报请同级政府采取强制措施:(1)供水单位供应的饮用水不符合国家规定的卫生标准的;(2)拒绝按照卫生防疫机构提出的卫生要求,对传染病病原体污染的污水、污物、粪便进行消毒处理的;(3)准许或者纵容传染病病人、病原携带者和疑似传染病病人从事国务院卫生行政部门规定禁止从事的易使该传染病扩散的工作的;(4)拒绝执行卫生防疫机构依照本法提出的其他预防、控制措施的。第 37 条规定,有本法第 35 条所列行为之一,引起甲类传染病传播或者有传播严重危险的,比照《刑法》第 178 条的规定追究刑事责任。将妨害传染病防治犯罪行为比照妨害国境卫生检疫罪论处,这是罪刑法定原则确立之前的一种典型的类推适用。

1997 年《刑法》第 330 条将 1989 年《传染病防治法》第 35 条规定的采取行政措施处罚的四种行为直接照搬到刑法条文中,新增了妨害传染病防治罪,显然,本条之罪是立法机关为与 1989 年传染病防治法的有关规定相对接而在 1997 年刑法中新增的一种犯罪。① 2004 年和 2013 年在对传染病防治法的两次修订中,对 1989 年《传染病防治法》第 35 条规定涉及的妨害传染病防控行为类型作了较大幅度的修正。② 总体来说,相较 1989 年传染病防治法,修订后的传染病防治法关于预防、控制传染病的措施类型更为精细、更为丰富,这也无疑使"违反传染病防治法的规定"的内涵和外延发生了相应改变。这是在理解本罪"违反传染病防治法的规定"首先应予明确的立场。其次,对于"违反传染病防治法的规定"应作体系性、实质性的把握,将"违反传染病防治法的规定"界定为"违反有关传染病防治的法律、行政法规、部门规章、地方性法规等规范性文件"。传染病防治法对传染病防治工作作了全面

---

① 参见高铭暄:《中华人民共和国刑法的孕育诞生和发展完善》,北京大学出版社 2012 年版,第 554 页。

② 2004 年和 2013 年修订的传染病防治法删除了 1989 年《传染病防治法》第 35 条规定四种行为的后三种行为,将第一种行为"供水单位供应的饮用水不符合国家规定的卫生标准的"修改为"饮用水供水单位供应的饮用水不符合国家卫生标准和卫生规范的"。

的规定，从种类上来说，涵盖了传染病预防、疫情报告、疫情控制、医疗救治等各方面；从防控主体上来说，包括了各级人民政府、国务院卫生行政部门、各级疾病预防控制机构、医疗机构、农业行政部门、林业行政部门、采供血机构、动物防疫机构等；从内容上来说，涵盖了传染病监测、预警、信息管理等；从所涉场域来说，涵盖了医院、港口、机场、铁路等不同领域和场所。除了传染病防治法之外，还有突发事件应对法、《突发公共卫生事件应急条例》《国家突发公共事件总体应急预案》《国家突发公共卫生事件应急预案》《传染病防治法实施办法》《国内交通卫生检疫条例》等法律法规和规范性文件对传染病防治或应对突发公共卫生事件作了规定，这些规范性文件有的与传染病防治法处于同一法律位阶，有的则依照传染病防治法制定，同样是传染病防治的法律依据，与传染病防治法共同构成了传染病防治的法律体系，理应得到刑法评价的认可。

（二）"拒绝执行卫生防疫机构依照传染病防治法提出的预防、控制措施"的事实前置

妨害传染病防治罪的成立除了满足规范前置以外，还应符合事实前置。有学者认为，妨害传染病防治罪兜底行为的核心是"拒绝执行防控措施"，其本质属于义务犯。[①] 我国《刑法》第330条明确规定的妨害传染病防治罪的四种行为方式，并未随着传染病防治法的修订而同步修正。考虑到前三种行为涉及供水处理、对病原体污染物的消毒处理、易使传染病扩散工作的准许等，行为主体一般为负有传染病预防、控制职责的供水单位及有关机关、企事业单位、人民团体等单位的直接责任人员，[②] 根据罪刑法定原则，这在司法实务中不宜突破和扩大，但是，对于《刑法》第330条第1款第5项拒绝执行卫生防疫机构依照传染病防治法提出的预防、控制措施这一规定，可通过刑法实质解释适当扩大该类行为的周延性，从而提高妨害传染病防治罪对妨害突发性传染病疫情防控行为的适用力。

"卫生防疫机构"具有一定的时代烙印。卫生防疫机构是1989传染病防治法和1991年卫生部制定发布的《传染病防治法实施办法》明确的传染病预防和控制的主体。根据1991年《传染病防治法实施办法》规定，卫生防疫机构，指卫生防疫站，结核病防治研究所（院），寄生虫病防治研究所（站），

---

① 参见欧阳本祺：《妨害传染病防治罪客观要件的教义学分析》，载《东方法学》2020年第3期。
② 参见张军主编：《刑法分则及配套规定新释新解（第9版）》（下），人民法院出版社2016年版，第1609页。

血吸虫病防治研究所（站）、皮肤病性病防治研究所（站）、地方病防治研究所（站）、鼠疫防治站（所）、乡镇预防保健站（所）及与上述机构专业相同的单位。针对非典型肺炎防治工作，2003年4月30日中共中央宣传部、司法部、卫生部发布的《关于加强传染病防治法等法律法规宣传工作的通知》则明确了医疗卫生机构的防护职责（没有"卫生防疫机构"的表述）。2004年和2013年修订的传染病防治法关于"防疫机构"的表述，只有2处使用了"动物防疫机构"这一名词，并明确各级疾病预防控制机构承担传染病监测、预测、流行病学调查、疫情报告以及其他预防、控制工作。根据传染病防治法规定，疾病预防控制机构指从事疾病预防控制活动的疾病预防控制中心以及与上述机构业务活动相同的单位。由此，对《刑法》第330条第1款第5项"拒绝执行卫生防疫机构依照传染病防治法提出的预防、控制措施"中"卫生防疫机构"的理解，不应仍固守1989年传染病防治法和1991年《传染病防治法实施办法》关于卫生防疫机构的表述和含义，而应根据传染病防治法的最新修订情况，将"卫生防疫机构"解释为"疾病预防控制机构"。此其一。

其二，应对"卫生防疫机构"作扩大化解释。传染病防治法在明确各级疾病预防控制机构承担传染病监测、预测、流行病学调查、疫情报告以及其他预防、控制工作之外，还明确医疗机构承担与医疗救治有关的传染病防治工作和责任区域内的传染病预防工作；城市社区和农村基层医疗机构在疾病预防控制机构的指导下，承担城市社区、农村基层相应的传染病防治工作以及县级以上人民政府其他部门在各自的职责范围内负责传染病防治工作。显然，对于各级疾病预防控制机构、医疗机构、城市社区和农村基层医疗机构、县级以上人民政府其他部门等依据传染病防治法或其他有关传染病防治的法律、行政法规、部门规章、地方性法规等规范性文件出台或采取的预防、控制措施，如无明显不当的，应当认定为《刑法》第330条第1款第5项规定的"卫生防疫机构依照传染病防治法提出的预防、控制措施"。

在突发传染病疫情防控的具体实践中，因疫情的突发性、广泛性和复杂性，出于最大限度防控的需要，往往需要全社会力量参与。除了传染病防治法明确的各级疾病预防控制机构、医疗机构、城市社区和农村基层医疗机构、县级以上人民政府其他部门等传染病防治工作主体之外，还往往需要医疗机构和政府部门以外的居（村）委会、社区、物业、保安等参与疫情防控。对于该类主体提出的预防、控制措施，能否认定为"卫生防疫机构依照传染病防治法提出的预防、控制措施"？笔者认为，在疫情防控具体实践中，居（村）委会、社区、物业、保安等参与疫情防控时不太可能出台疫情预防、控制措施，其主要是受当地疾病预防控制机构、政府相关部门委托，配合落实当地疾病预防控制机构、政府相关部门出台的预防、控制措施（如上门测量体温等），因此，所谓居（村）委会、社区、物业、保安提出的预防、控制措施，实际上是各级疾病预防控制机构、医疗机构、城市社区和农村基层医疗机构、县级以上人民政府其他部门等依据传染病防治法或其他有关传染病防治的法律、行政法规、部门规章、地方性法规等规范性文件出台或采取的预防、控制措施，这种情况下，只要居（村）委会、社区、物业、保安提出的预防、控制措施具有法律依据且在具体执行中无明显不当，也应认定为是《刑法》第330条第1款第5项规定的"卫生防疫机构依照传染病防治法提出的预防、控制措施"。

四、结语

2020年《意见》颁布后，引起了社会广泛关注。尽管个别学者对2020年《意见》进行了"冷"思考，[①] 但是绝大多数学者给予了很高的评价。同时，也应当看到，当前学界对于2020年《意见》的讨论要么存在一定的认识误区，要么还不够深入，尤其对2020年《意见》的功能定位、价值意蕴及其与2003年《解释》的相互关系把握不够准确，由此在一定程度上遮蔽了对妨害传染病防治罪和以危险方法危害公共安全犯罪的认识。应当看到，在2020年《意见》颁布前，我国《刑法》第330条和《立案追诉标准（一）》完全可以也应当成为对妨害新冠肺炎疫情防控犯罪行为适用妨害传染病防治罪的依据，但是司法机关仍几乎一致选择适用以危险方法危害公共安全犯罪，这种现象无疑值得反思。2020年《意见》对适用以危险方法危害公共安全犯罪和妨害传染病防治罪作了倾向性的政策指引，对于之前司法实务乱象的"纠偏"和"补漏"起到了良好的效果。但是2020年《意见》关于以危险方法危害公共安全罪的构罪标准并未超出或者严于2003年《解释》所设立的标准，也未能完全厘清以危险方法危害公共安全犯罪和妨害传染病防治罪的区分标准。笔者无意对2020年《意见》提出批评，更无意对我国司法机关依法惩处妨害新冠肺炎防控犯罪行为提出质疑，而是尽量站在客观立场，结合大量司法个案和相关实例，就新冠肺炎疫情防控实践中被激活的"妨害传染病防治罪"这一刑法条文的理解与适用问题展开综合分析。妨害传染病防治罪的司法适用，既涉及其与以危险方法危害公共安全犯罪的准确区分，也涉及对其构成要件的精准

[①] 参见刘艳红：《治理能力现代化语境下疫情防控中的刑法适用研究》，载《比较法研究》2020年第2期；陈伟：《新冠疫情背景下妨害传染病防治罪的解释扩张及其回归》，载《政治与法律》2020年第5期。

把握。"场合说""法条竞合说"和基于对 2020 年《意见》错误理解而得出的"非此即彼"的"二分法",均不宜成为妨害传染病防治罪与以危险方法危害公共安全犯罪的区别标准。两罪的区分,根本上应回归行为本身的性质,并着重把握行为主体的时空特征和以危险方法危害公共安全犯罪行为的"加害性"本质。同时,关于成立妨害传染病防治罪的规范前置和事实前置,均应作体系性、实质性解释。对于"违反传染病防治法的规定"这一规范前置,一方面,应根据传染病防治法修订及关于预防、控制传染病措施类型更为精细和丰富的实际,对"违反传染病防治法的规定"的内涵和外延作与时俱进的理解;另一方面,将"违反传染病防治法的规定"界定为违反有关传染病防治的法律、行政法规、部门规章、地方性法规等规范性文件。对于"拒绝执行卫生防疫机构依照传染病防治法提出的预防、控制措施"这一事实前置,一方面应根据法律修改情况将"卫生防疫机构"解释为"疾病预防控制机构",另一方面应将"卫生防疫机构依照传染病防治法提出的预防、控制措施"扩大解释为具有法律依据且在具体执行中无明显不当的预防、控制措施。

尽管本文关于妨害传染病防治罪司法适用的分析是基于新冠肺炎疫情防控背景,但笔者希望并且相信,本文所遵循的分析思路以及得出的研究结论,对于非疫情防控背景下我国学界和实务界科学把握司法政策性文件的功能定位、准确适用妨害传染病防治罪及其与以危险方法危害公共安全犯罪的区分等均具有一定参考价值。

(责任编辑　张子玥)

健全宏观调控监督制度：国家治理体系和治理能力现代化视域下的思考[*]

刘博涵[**]

摘　要： 党的十九届四中全会作出了《中共中央关于坚持和完善中国特色社会主义制度　推进国家治理体系和治理能力现代化若干重大问题的决定》。宏观调控监督制度的现代化就是法治化，具体从形式上的法律制度完善和实质上的依法治理两个侧面展开。检视与整合宏观调控基本监督制度，可将其归纳为宏观调控监督实体制度和宏观调控监督程序制度两大体系。在实体制度方面，要建立健全包括全国人大及其常委会、国务院、监察委及司法机关、社会公众在内的多元监督主体制度，对宏观调控从目的正当性、手段适当性、手段必要性和目的—损害均衡性四个维度进行监督。在程序制度方面，需着力推进国家权力机关、行政机关内部监督程序规范化，提高监察委、司法部门等外部机关对监督宏观调控的参与度，同时实现与社会公众监督的有效对接与协调。

关键词： 国家治理　治理体系　治理能力　现代化　宏观调控

　　肇始于亚当·斯密的经济自由主义一直在西方国家占据主流话语。该理论对国家保持高度警惕，主张让市场"看不见的手"自行调节经济运行。这一主张在大萧条后随着凯恩斯国家干预主义的崛起稍稍偃息，但在20世纪70年代"滞胀"的泥淖中再次"甚嚣尘上"。直至2008年金融危机，"放任自流"的经济发展模式再次为西方国家经济发展按下暂停键。与之形成对比的是，我国自改革开放引入市场经济制度以来，一直以"摸着石头过河"的态度审慎

---

[*] 基金项目：厦门大学"中央高校基本科研业务费专项资金资助"项目（20720151038）。

[**] 刘博涵，厦门大学法学院博士研究生。

调节经济运行，实现了国家经济相对稳定地持续增长。2019 年 10 月 31 日闭幕的中共十九届四中全会"用一次中央全会专门研究坚持和完善中国特色社会主义制度、推进国家治理体系和治理能力现代化问题并作出决定"。① 在优化政府职责方面，会议要求"健全以国家发展规划为战略导向，以财政政策和货币政策为主要手段，就业、产业、投资、消费、区域等政策协同发力的宏观调控制度体系"。② 据此，健全国家宏观调控制度是推进国家治理体系和治理能力现代化战略的重要内容。其中，尤其应重视宏观调控监督制度的完善，因为绝对的权力导致绝对的腐败（阿克顿勋爵语）。宏观调控权作为国家干预经济的"看得见的手"，如果没有得到有效监督而任由其在经济运行中"横冲直撞"，势必给国家经济发展带来毁灭性的灾难。本文的主要目标便是在阐释国家治理体系和治理能力现代化对宏观调控监督制度基本要求的基础上，为完善宏观调控监督实体制度、程序制度提供学理支撑和理论支持。

一、国家治理体系和治理能力现代化对宏观调控监督制度的基本要求

2014 年胜利召开的中共十八届四中全会作出了《中共中央关于全面推进依法治国若干重大问题的决定》，明确指出依法治国是实现国家治理体系和治理能力现代化的必然要求。可见，法治是实现国家治理体系和治理能力现代化的基本路径和根本保证。一般认为，"法制"是静态的法律制度体系，"法治"是动态地依据法律治理国家。③ 完善法制是实现法治的基础和前提，法治内涵于法制予以实现。可以说，法制对应国家治理体系现代化，是一种形式上、外观上的现代化；法治对应国家治理能力现代化，是一种实质上、内在的现代化。因此，国家治理现代化包括治理体系法制化和治理能力法治化这其中的两个基本方面。其中，治理体系法制化指的是把国家治理制度的"分子结构"细化为"原子结构"，增强其执行力和运行力，再通过法制化予以定型化、体系化。而治理能力法治化主要指运用法治的思维和方式，改善国家治理动力不

---

① 张来明：《一次具有开创性、里程碑意义的重要会议——党的十九届四中全会精神学习体会》，载《中国经济时报》2019 年 11 月 13 日。
② 《中共中央关于坚持和完善中国特色社会主义制度　推进国家治理体系和治理能力现代化若干重大问题的决定》，载中国政府网，http://www.gov.cn/xinwen/2019-11/05/content_5449023.htm，2019 年 11 月 24 日访问。
③ 参见何勤华、齐凯悦：《法制成为法治：宪法修改推进社会主义法治建设》，载《山东社会科学》2018 年第 7 期。

足、能力不够的问题,提高国家治理能力的科学性和各主体对国家治理策略的执行力。① 具体到宏观调控监督制度的完善,就是在形式上将监督宏观调控的各项制度予以体系化、法制化,同时在实质上将法治思维融入宏观调控监督制度的具体内容设计,确保宏观调控的目标订立、方法选择、手段运用等科学合理。

（一）宏观调控监督制度的法制化要求

宏观调控制度现代化作为国家治理体系现代化的重要方面,其核心问题是处理好政府与市场的关系。实践证明,遵循市场决定资源配置的市场经济一般规律,将政府的职责和作用定位于保持宏观经济稳定,维护市场秩序、保障公平竞争、加强市场监管、优化公共服务,推动可持续发展、弥补市场失灵,才能最终促进共同富裕。② 改革开放以来,我国的宏观调控制度已经取得长足发展,相应的宏观调控监督制度也在不断完善之中。但也应当看到,由于监督宏观调控的对策性需要,过去施行的宏观调控监督制度没有进行整体考量和体系化设计,这就导致既有的宏观调控监督制度碎片化、补丁化。国家治理体系现代化要求治国理政的诸制度体系具有相对的规定性、固定性和稳定性。落实到宏观调控监督制度,就需要改变过去孤立、个别监督宏观调控的思维模式,将已有的规范、制度予以体系化、法制化。

建立健全宏观调控监督制度,首先要回答的便是谁来监督、监督什么、怎样监督等基本问题。对这些具体问题的回答和制度建构,便形成宏观调控监督制度最基本的"原子结构"。每一个具体的监督制度都是根据不同的监督主体和监督目标设置的,它们构成了监督宏观调控的制度群。正如以立体化和平面化两种不同的方式排列、组合碳原子,会形成物理性质迥异的钻石和石墨。对原子态的宏观调控基本监督制度进行不同方式的组合,也将呈现出完全不同的宏观调控监督制度,进而得到完全不同的宏观调控监督效果。因此,建构宏观调控监督制度需立足体系化的宏观视角,对现存的和拟建的宏观调控基本监督制度进行"扫描"与分析,从各制度的目的和功能出发,关照各基本制度之间的整合、协调、统一,最终搭建起有机统一的、体系合理的宏观调控监督制度。③

---

① 参见张文显:《法治与国家治理现代化》,载《中国法学》2014年第4期。
② 参见应松年:《加快法治建设 促进国家治理体系和治理能力现代化》,载《中国法学（文摘）》2014年第6期。
③ 参见张卫平:《执行救济制度的体系化》,载《中外法学》2019年第4期。

通过对宏观调控监督制度基本结构的考察，我们可以将宏观调控监督制度分解为如下"原子性"要素：宏观调控的监督主体、监督内容、监督时机、监督方式、监督程序以及对监督的反馈与处理等。按照实体与程序分立的基本思路，以宏观调控监督制度整体科学完备为基本目标，笔者将宏观调控监督制度的基本框架分为宏观调控监督实体制度和宏观调控监督程序制度两大板块。其中，宏观调控监督实体制度主要包含宏观调控监督主体制度和宏观调控监督内容制度；宏观调控监督程序制度则主要包含宏观调控权力运行内部监督程序、宏观调控的监察、司法监督程序和宏观调控社会监督程序等。宏观调控监督制度的体系化，是国家治理体系现代化的题中之义，也是健全宏观调控监督制度的形式外观和逻辑起点。

（二）宏观调控监督制度的法治化要求

国家治理能力是评价一国治理水平和治理效能的主要指征，它涵盖了执政党的执政能力、参政党的参政议政能力、立法机关的立法能力、行政机关的执法能力、司法机关的司法能力、军队的国防军事能力等诸多方面。其中，尤其以执政党的执政能力最为关键，因为执政党在国家治理过程中发挥着总揽全局、协调各方的核心作用，提高执政党的执政能力和水平是实现国家治理能力现代化的"牛鼻子"。在我国，党的执政能力科学化是国家治理能力现代化的基本前提和先决条件。虽然国家治理能力与党的执政能力分属不同范畴，但二者内在机理相通。国家治理能力现代化内涵党的执政能力科学化，党的执政能力科学化直接关系着全面深化改革总目标的实现。[①] 党的执政能力科学化要求宏观调控监督制度科学化，因为只有科学的宏观调控监督制度才能有效发挥宏观调控的经济调节机能，保障宏观调控制度正常运转。

当前，我国宏观调控监督制度存在一些问题。首先，宏观调控监督制度的规范依据尚需完善。已有的少量规章和规范性文件为监督宏观调控提供了规范依据，但这些规章效力位阶较低。与此同时，这些规范内容又过于宏观，缺乏配套措施对相关监督原则予以阐明和具体化，进而造成目前的宏观调控监督规范操作性较差。其次，宏观调控监督制度的架构不尽如人意。因为宏观调控从决策到实施涉及多层次、多方面的机构和部门，监督宏观调控的职能也在多个部门"流转"。多头监督主体职责界限不清、权利义务不明造成重复监督和监督真空并存。再次，宏观调控监督主体的监督能动性不足。这主要表现在监督

[①] 参见江胜尧：《国家治理能力现代化视阈下党的执政能力科学化》，载《广西社会科学》2014年第12期。

主体的监督意识薄弱和监督能力不足。因为没有设置监督宏观调控的专门性机构，宏观调控监督被相关部门视为"副业"，缺乏提升监督意识和监督能力的动力。最后，宏观调控监督制度还存在整体运行不畅，功能不完整的问题。

鉴于上述问题，在推进国家治理能力现代化的过程中，须着力实现宏观调控监督制度的科学化、法治化。具体而言，首先，要在科学论证宏观调控制度的基础上，适时制定"宏观调控法"以专门章节规定宏观调控监督制度，为其提供高位阶的法律规范支持；其次，明确各监督部门监督宏观调控的职责、权利和义务，努力克服监督冗余，消除监督真空；再次，在明确宏观调控监督职权、责任的基础上强化监督失职的问责制度，在行政法规和规章中完善相关行政责任，在刑法中保留渎职罪的适用空间；最后，在宏观调控监督制度的具体运行过程中，对各监督部门配合失调、信息传递不畅等问题进行修补和完善。通过从法律规范制定到机构部门职权划分及问责制度完善等一整套的"组合拳"努力，着力推进宏观调控监督制度的现代化。当然，监督宏观调控的法治化要求还需融入形式性的宏观调控监督制度具体表达，这主要体现在宏观调控监督主体制度、内容制度的完善和监督程序的有效运转上。以下将分别从宏观调控监督实体制度和程序制度两个层面具体论述如何实现宏观调控监督制度的法治化要求。

二、宏观调控监督实体制度的完善

宏观调控监督实体制度主要包括监督主体制度和监督内容制度两个方面。由于宏观调控从动议到实施历经决策、评估、执行等多个阶段，相关主体涉及全国人大及其常委会、国务院及其各部委、地方政府及相关部门，在不同阶段针对宏观调控的不同事项需由不同部门以不同方式进行监督。多元的监督主体和丰富的监督内容均囊括在宏观调控监督实体制度之中。完善宏观调控监督实体制度，需遵循国家治理体系和治理能力现代化对宏观调控监督制度的两大要求——法制化和法治化。在逻辑体系上做到目的、功能的有机整合，制度前后关照、衔接；在内容设计上实现调控目标设定合理、可及，调控手段有效、可行，使法治化的宏观调控监督方式内涵于体系化的宏观调控监督制度，使之成为浑然的有机整体。

（一）完善宏观调控监督主体制度

1. 全国人大及其常委会对宏观调控的监督

宏观调控使现代国家的职能呈现出较强的专业性和技术性。无论国家计划的拟定还是财政政策、货币政策的出台，都必须符合经济发展的一般规律。出于时间和技术的考虑，实践中我国一般将宏观调控具体事项授权给国务院及其组成部门，由它们具体履行宏观调控的职责。由政府部门具体实施宏观调控，虽然能够克服时间迟滞与技术困难，但也带来了政府与市场的利益冲突和政府部门多头调控权责不清等问题。鉴于此，对政府的宏观调控不仅要规范授权，更要加强对权力行使的监督。全国人大及其常委会作为我国最高权力机关，是政府宏观调控职权的直接权力来源，也是监督宏观调控的第一主体。

我国《宪法》第62条第10、11项分别规定了全国人大行使审查和批准国民经济和社会发展计划和计划执行情况报告、审查和批准国家预算和预算执行情况报告两项职权。第67条第6项规定了全国人大常委会监督国务院、中央军事委员会、国家监察委员会、最高人民法院和最高人民检察院的工作的职权。据此，全国人大及其常委会天然拥有监督宏观调控的职权，是监督宏观调控的最高权力机关。从监督形式来说，全国人大审查和批准国民经济和社会发展计划、国家预算和执行情况，其监督职权主要通过立法授权和国务院的政府工作报告进行，这是一种对国务院行使宏观调控执行权的事后监督。[①]

2. 国务院对宏观调控的监督

经过四十余年的探索，我国形成了以财政政策、货币政策为主要手段，就业、产业、投资、消费、区域政策协同发力的宏观调控方式。各种宏观调控政策由国务院下属的财政部、人民银行、发改委等部委具体制定和实施。现代国家契约理论指出，政府是全体社会公众利益的代表，它行使宪法所赋予的权力时必须以维护与促进社会公众利益为其根本。但是，大量国有企业与国务院各部委存在隶属关系，这就导致国务院各部委在行使公权力时可能出现偏离社会公众利益的现象，这也可能发生在宏观调控的过程中。例如，为支持本部门所属国有企业发展，调控部门可能在产业政策、税收、汇率、利率等方面对它们给予特别优惠，为它们制造特殊的优待宏观经济环境。因此，国务院概括接受了全国人大的宏观调控授权，还应加强对其下属各职能机关的监督。

《宪法》第89条规定了国务院"编制和执行国民经济和社会发展计划和国家预算""规定各部和各委员会的任务和职责，统一领导各部和各委员会的工作，并且领导不属于各部和各委员会的全国性的行政工作""统一领导全国地方各级国家行政机关的工作"等职权。据此，国务院作为宏观调控的执行主体，在接受全国人大及其常委会的监督的同时，监督其内设部委、地方政府对宏观调控政策的落实与执行。在监督形式上，国务院对发改委、财政部、央

---

① 参见张辉：《宏观调控权法律控制研究》，法律出版社2010年版，第208页。

行、外汇管理局等宏观调控职能部门的监督通过职能部门的报告制度实现。

3. 监察委及司法机关对宏观调控的监督

宏观调控权可以界定为一国的政权机构综合运用各种引导、促进方式，对社会经济结构和运行进行调控，以解决市场调节的被动性和滞后性的一种国家经济调节权，是区别于立法权、行政权、司法权的一种新型公权力。[①] 2018年制定的监察法规定，各级监察委员会依法对所有行使公权力的公职人员进行监察。因此，监察委是监督宏观调控的适格主体。此外，有学者认为传统上由全国人大及其常委会、国务院及所属部门行使宏观调控监督权有"既做运动员又做裁判员"之嫌，因而有必要适时建立一套适合中国国情的宏观调控监察、司法监督制度。监察委和司法机关虽然都是"体制外"监督，但鉴于其职能定位不同，监察委的监督体现出主动性和间接性，而司法机关的监督相对被动，而且多属于事后监督。

司法机关对政府宏观调控的监督一般通过行政诉讼来进行。我国《行政诉讼法》第6条规定："人民法院审理行政案件，对行政行为是否合法进行审查。"据此，人民法院对于政府的宏观调控行为享有司法监督权。但是，目前行政诉讼法只授予法院审查具体行政行为合法性之权力。即便法院在审查具体行政行为时可以附带审查规范性文件，但由于审查范围与权力的局限，对于抽象性的宏观调控政府立法与宏观调控决策，法院的监督权能还相对薄弱。在当前的法制体系下，法院所进行的司法审查，包括对具体宏观调控行为（涉及辅助政府宏观调控的行政行为、政府提供与宏观调控有关的公共服务行为等）与部分抽象宏观调控行为（涉及宏观调控的立法与决策行为等）的审查与复核。

4. 社会公众对宏观调控的监督

我国《宪法》第27条第2款明确规定，一切国家机关和国家工作人员必须依靠人民的支持，经常保持同人民的密切联系，倾听人民的意见和建议，接受人民的监督，努力为人民服务。第41条同时规定，中华人民共和国公民对于任何国家机关和国家工作人员，有提出批评和建议的权利；对于任何国家机关和国家工作人员的违法失职行为，有向有关国家机关提出申诉、控告或者检举的权利。这两条规定以根本法的形式确认了社会公众的监督权，是宏观调控社会公众监督制度的法律渊源。密切联系群众是我们党取得革命胜利、巩固执政地位的三大优良作风之一，一切为了群众，一切依靠群众，从群众中来，到群众中去是党的一贯主张。建立健全社会公众对宏观调控的监督制度是完善我

---

① 参见陈云良：《国家调节权：第四种权力形态》，载《现代法学》2007年第6期。

国宏观调控监督制度的重要环节，是民主政治下公权力运作的基本特征，也是宏观调控权得以正确行使的基本保证。①

当前，由于我国的社会公众监督尚不具备具体的法律形式，也没有明确的监督程序，更不具有强制性的法律后果，因而社会公众只能通过对政府宏观调控行为提出异议来触发政府机构的自我审查或是引起立法机关、司法机关的注意，以达到监督宏观调控的目的，因而效力最弱。但是，社会公众的监督是社会民主发展的重要方向，是任何监督体系不可或缺的组成部分，并将随着我国法制建设的逐渐完善与民主政治的不断发展得以强化。

（二）完善宏观调控监督内容制度

18世纪末期发源于德国《警察法》的比例原则，如今正在全球不同法系的不同法律部门中广泛传播与蔓延。其影响力不仅及于欧盟国家，而且传播至欧洲之外，包括中国在内的很多国家。就连美国也出现了引进比例原则的呼声。比例原则的本质在于调整手段与目的的关系，它要求有助于正当目的实现的手段具有适当性、必要性与均衡性。毫无疑问，被视为正义化身的比例原则，对于规范与控制公权力起到了不可估量的积极作用。② 作为特殊行政权力的宏观调控权，其权力运行显然也需贯彻比例原则。在完善宏观调控监督内容制度方面，也可以从比例原则的4个方面进行监督：

1. 宏观调控目的正当性监督

宏观调控的目的正当性监督是监督宏观调控行为的首要内容。首先，要查明宏观调控主体行使宏观调控权的真实目的。这种目的，应当是调控主体作出宏观调控行为所欲追求的目的。查明目的的具体方法是综合考察多种因素，根据宏观调控主体"宣称的目的"、作出宏观调控决策的文件、调控时机、调控行为等内容，综合判断真实的调控目的。其次，评判宏观调控行为的目的正当性。对于宏观调控行为目的正当性判断，并没有统一的判断标准，但也并不完全无章可循。现实生活中，有的宏观调控行为由于天生的不正当目的，普通人仅凭经验和直觉就可判断。此外，监督主体还可以结合宪法、法律的规定和相关案例评判宏观调控主体调控行为目的的正当性。

2. 宏观调控手段适当性监督

宏观调控行为目的正当并不意味着宏观调控的手段就适当。日常生活中常出现"好心办坏事"的现象，国家的宏观调控行为也不例外。而一旦国家的

---

① 参见杨三正：《宏观调控权论》，厦门大学出版社2007年版，第167页。
② 参见陈景辉：《比例原则的普遍化与基本权利的性质》，载《中国法学》2017年第5期。

宏观调控行为"好心办坏事",势必给直接利害关系人和整体的社会经济运行带来严重的负面影响,甚至造成不可挽回的损失。因此,对宏观调控行为手段适当性的监督也是监督宏观调控的重要内容之一。手段适当性是宏观调控行为科学性的体现,要求宏观调控所使用的手段与目的之间具有实质关联性。一般而言,不能苛求宏观调控手段一定能完全实现宏观调控的目的。但是,调控主体所采取的手段应当有助于调控目的的实现。监督主体应根据生活经验、其他国家经验或者经济学、社会学的逻辑推演和理论论证综合判断宏观调控手段的适当性。

3. 宏观调控手段必要性监督

除了考察宏观调控手段监督的适当性以外,调控手段的必要性也是监督宏观调控行为的重要内容。成语"杀鸡焉用牛刀"告诉我们不要用不必要的大力气办小事情,而如果国家的宏观调控用"牛刀"来"杀鸡",不仅会造成公共资源的浪费,甚至严重影响市场机制在资源配置中的作用。因此,宏观调控主体应尽可能采取对直接利害关系人权益损害最小、对市场在资源配置中的基础性作用影响最低的手段。监督宏观调控手段的必要性,应结合手段对目的的实现程度来判断。手段的必要性是一种相对的最小损害性,即在相同有效性的前提下,比较不同手段的损害大小,然后选择损害最小的手段。

4. 宏观调控目的—损害均衡性监督

宏观调控具有"相机抉择"的特性,在调控过程中具有多变性,这势必破坏受控主体对市场机制和宏观调控手段的信赖利益。[①] 对宏观调控行为的监督,还需监督宏观调控目的与受控主体利益损害之间的均衡性。亦即既要保证宏观调控目标的实现,又要兼顾保护受控主体的权益,实现社会公共利益促进与受控主体权利保障之间的均衡。监督宏观调控的目的—损害均衡性,应贯彻一种权衡思维。宏观调控作为对社会经济的非常规直接干预,其追求公共利益的实现常常以受控主体利益的减损为代价。这要求监督主体在监督宏观调控行为时考察减损的受控主体利益与可能增长的公共利益是否成比例。

三、宏观调控监督程序制度的完善

完善宏观调控监督制度不仅需要在静态层面对实体制度进行完善,还应当完善动态化的宏观调控监督程序制度,发挥程序制度规范宏观调控监督行为的

---

① 参见王新红:《论宏观调控法之信赖保护原则》,载《南京社会科学》2016 年第 9 期。

价值。如前所述,对宏观调控的监督,既涉及全国人大及其常委会、国务院及其部委等宏观调控权力运行的内部机构,还涉及监察委、司法机关、社会公众等外部主体。由于监督主体多头,法律赋予的监督权力各异,因而其监督宏观调控行为的程序也不尽相同。按照国家治理体系和治理能力现代化对宏观调控监督制度的基本要求,宏观调控监督程序制度也须遵循形式法制化和实质法治化的思路予以完善。具体而言,宏观调控监督程序制度可以从推进内部监督程序规范化,提高监察、司法机关监督的参与度和提升社会公众监督的协调与衔接等3个方面展开和完善。

(一)推进宏观调控权力运行内部监督程序规范化

目前,我国宏观调控监督程序的立法供给严重不足,仅散见于宪法、全国人大议事规则、国务院组织法等法规中。全国人大及其常委会对国务院的宏观调控监督,主要通过颁布法律和审议政府工作报告两种方式进行。国务院则主要通过不定时的工作报告和文件抄送实现对财政部、中国人民银行、国家税务总局等职能机关的宏观调控行为予以监督。这种监督目前非常零散而且不成体系,通过立法将监督程序进行固定和明确,是建立健全宏观调控监督制度的努力方向。

1. 完善全国人大及其常委会监督国务院的程序

当前,颁布法律和审议政府工作报告是全国人大及其常委会监督国务院宏观调控行为的两种主要方式。财税政策、金融政策和产业政策是国家引导资源流向、弥补市场缺陷、保障经济健康运行的主要手段,全国人大及其常委会作为最高权力机关、立法机关,通过制定预算法、税收征收管理法等财税类法规,中央银行法、政策性银行法、货币法等①金融类法规,中小企业促进法、科技进步法等产业类法规,行使其对国务院宏观调控国家经济运行的监督权。此外,《宪法》第71条规定,全国人大及其常委会认为必要的时候,可以组织关于特定问题的调查委员会,并且根据调查委员会的报告,作出相应的决议。《全国人民代表大会议事规则》第35条规定,全国人民代表大会每年举行会议的时候,国务院应当向会议提出关于上一年度国民经济和社会发展计划执行情况与本年度国民经济和社会发展计划草案的报告、国民经济和社会发展计划草案,关于上一年度中央和地方预算执行情况与本年度中央和地方预算草案的报告、中央和地方预算草案,由各代表团进行审查,并由财政经济委员会和有关的专门委员会审查。财政经济委员会根据各代表团和有关的专门委员会

---

① 参见张辉:《我国转型期的宏观调控失范行为》,载《华东政法大学学报》2009年第4期。

的审查意见，对前款规定的事项进行审查，向主席团提出审查结果报告，主席团审议通过后，印发会议，并将关于上一年度国民经济和社会发展计划执行情况与本年度国民经济和社会发展计划的决议草案、关于上一年度中央和地方预算执行情况与本年度中央和地方预算的决议草案提请大会全体会议表决。全国人大及其常委会通过上述程序和方式对国务院的宏观调控行为进行监督。

完善全国人大及其常委会对政府机关宏观调控的监督，还应从事前审批、备案和事后反馈两个层面予以完善。对于政府制定的宏观调控行政法规和关系整个国民经济发展的战略决策，在实施前必须由立法机关批准；而对于政府在宏观调控中作出的具体行政规定、指令，则可在公布后报送立法机关备案和审查。反馈程序是宏观调控决策制定的应有程序，因为宏观调控涉及社会成员的根本利益，无论是为及时纠正政府宏观调控行为的偏差，还是为了继续更好地实施宏观调控，都需要及时、准确的反馈机制。

2. 完善国务院监督宏观调控机关的程序

国务院对宏观调控机关的监督，具体指国务院对中国人民银行、财政部、国家发改委、商务部、国家税务总局等宏观调控职能机关的监督。为了统一领导各部门的工作，国务院曾制定《国务院关于所属各部门工作报告制度的规定》（已失效）要求其下属部门以"工作简报""年度工作报告""专题报告"的形式定期报告工作，对之予以监督。随着国务院管理体制改进，该定期、强制性的工作报告制度被取消，但仍规定国务院所属各部门应当根据实际工作情况将本部门认为需要向国务院报告的工作总结、工作部署和重要事件，随时报告国务院。各部门自行发布的或者和其他部门联合发布的重要决议、命令、指示、通报，也都应当在发布的同时抄送国务院。此外，《宪法》第89条还赋予了国务院改变、撤销各部、各委员会发布的不适当的命令、指示和规章的职权。据此，国务院主要通过随时的工作报告和文件抄送对财政部、中国人民银行、国家税务总局等机关的宏观调控行为予以监督。

与立法机关监督不同的是，国务院对下属职能部门宏观调控行为的监督除了监督宏观调控决策形成的程序之外，还需监督、协调宏观调控主体和利害关系人的外部关系与矛盾解决。这是因为监督行为中常常存在着三方面主体（宏观调控主体、利害关系人、监督机构），他们之间可能发生关系交叉，包括宏观调控主体与监督机构之间、利害关系人与宏观调控主体之间以及监督机构与利害关系人之间的关系。而宏观调控法治化必然要把对每个关系都纳入其监督、处理范围，因而对各方面关系的处理都应有个固定的程序模式，使得程序监督不仅是宏观调控监督主体行使监督权所依赖的一系列前后相连的工作步骤，同时又使得对政府宏观调控进行监督和对社会公众民主权益保障具有可操作性。

(二) 提高监察委、司法机关监督宏观调控的参与度

一般认为,对宏观调控的监督主要通过权力机关对执行机关实施,通过上级部门对下级部门的监管实现。这便是全国人大及其常委会监督国务院、国务院监督具体宏观调控机关这种传统监督思路与体制的理论来源。事实上,对宏观调控的监督可以调动更多的监督主体与社会资源,如 2018 年《宪法》修改后新成立的监察部门专司国家监察权,监察机关可以通过主动调查、监督宏观调控机关公职人员廉洁行使宏观调控权来实现对宏观调控行为的监督。

1. 完善监察机关监督宏观调控的程序

国家监察机关是国家监察体制改革新设立的国家机构,是实现党和国家自我监督的政治机关。[①]《监察法》第 3 条规定,各级监察委员会是行使国家监察职能的专责机关,依法对所有行使公权力的公职人员进行监察,调查职务违法和职务犯罪,开展廉政建设和反腐败工作,维护宪法和法律的尊严。建立健全宏观调控监督制度,亦需要监察机关与行政机关、司法机关的通力配合和有效协作。相较于宏观调控权力运行内部的监督,监察机关对宏观调控的监督相对具有间接性和主动性。监察机关主要通过对宏观调控机关中行使公权力的公职人员的监察,防范宏观调控权被利害关系主体俘获,间接实现对宏观调控行为的监督。此外,《监察法》第 18 条还规定,监察机关行使监督、调查职权,有权依法向有关单位和个人了解情况,收集、调取证据。据此,监察机关通过主动调查、监督宏观调控机关公职人员廉洁行使宏观调控权来实现对宏观调控行为的监督。

2. 完善司法机关监督宏观调控的程序

宏观调控行为是否可诉是经济法学界论争已久的问题,否定派学者一般以宏观调控行为属于国家行为为由排除其可诉性。[②] 然而,肯定派学者认为,当前实现宏观调控的可诉固然存在许多障碍,但障碍并不能成为否定其可诉性的理由。反而应当通过司法体制改革,建立公益诉讼制度,辅之"法院之友"手段推进实现宏观调控的司法监督。[③] 有学者认为,我国当前应以党的十八届四中全会"完善确保依法独立公正行使审判权和检察权的制度"的司法改革思想为指引,适时建立宪法法院以确保宏观调控决策行为的合法性审查、设立

[①] 参见马怀德:《再论国家监察立法的主要问题》,载《行政法学研究》2018 年第 1 期。

[②] 参见邢会强:《宏观调控行为的不可诉性探析》,载《法商研究》2002 年第 5 期;邢会强:《宏观调控行为的不可诉性再探》,载《法商研究》2012 年第 5 期;肖顺武:《质疑宏观调控行为的可诉性》,载《经济法论坛》2008 年第 1 期。

[③] 参见胡光志:《论宏观调控行为的可诉性》,载《现代法学》2008 年第 2 期。

宏观调控法庭以确保对宏观调控执行行为的合法性审查、建立检察机关公益诉讼制度以发挥检察院的司法监督职能，进一步淡化司法机关宏观调控执行者的角色而强化其司法监督功能。① 据此，完善宏观调控的司法监督程序还需在司法改革的过程中逐步推进。

（三）提升社会公众监督宏观调控的衔接与协调

虽然全国人大及其常委会、国务院、监察委、司法机关与社会公众都是监督宏观调控的适格主体，多元监督主体对宏观调控"全覆盖、无死角"的监督对保障宏观调控权力在法制轨道内运行有重大意义。但是，多元的监督主体势必会带来监督重叠与监督真空。因此，对宏观调控的监督应是一种"分工不分家"的监督。具体来说，应加强社会公众监督力量的调动，建立一种"民间"与"官方"即时的信息沟通机制或信息交换平台，寻求对宏观调控权力运行的全天候监督。

1. 完善人民群众监督宏观调控的程序

在民主社会里，人民监督通常是由人民选举代议机关代表人民行使监督权，前面论述的人大及其常委会对宏观调控的监督即是如此。而这里谈的"人民监督"，是不通过代议机构，而是人民以具象的个体身份或者团体身份对各种形式的宏观调控行为进行直接监督。当前，我国宪法虽然规定了各级国家权力机关要接受人民群众的监督，但由于法律规定原则、抽象，不具可操作性，加之缺乏相应的法律责任，人民群众对国家权力的监督"徒有虚名"。因此，有学者指出，为了强化对宏观调控权的人民监督，维护社会公共利益，有必要设置人民监督的专门机构。具体来说就是在人大常委会下增设公民申诉控告委员会，专门负责受理人民群众针对各种宏观调控行为等重大问题的申诉、控告等，满足人民监督宏观调控权的诉求，② 以人民群众的"全覆盖"的力量确保宏观调控权力在法治的轨道内运行。此外，前述国务院宏观调控职能向全国人大的反馈程序也可以充分调动社会公众的参与，但这需要宏观调控主体的积极引导，譬如召开咨询会议、进行调查、允许复议等。

2. 完善社会舆论监督宏观调控的程序

宏观调控的社会舆论监督主要是新闻舆论的监督，它是人民群众监督宏观调控行为的自然延伸，具体而言就是通过电视、广播、报刊等传统媒体和微博、微信等社交媒体对调控主体的宏观调控行为进行监督。社会舆论监督通过

---

① 参见吴伟达：《我国宏观调控司法监督的困境与出路》，载《宏观经济研究》2015年第4期。
② 参见杨三正：《宏观调控权论》，厦门大学出版社2007年版，第170页。

调查和了解，将宏观调控决策和执行过程中出现的违法失职行为和不合理、不公正现象公之于众，督促宏观调控机关对之予以纠正。在社会经济制度尚处于转型时期的当下中国，越权行使宏观调控权、滥用宏观调控权的现象并不鲜见，仅依靠"体制内"的监督方式难以发挥对宏观调控的全面监督。因此，通过新闻媒体公开揭露、报道滥用宏观调控权等不法行为，在全社会形成对调控主体的舆论压力，促使其采取措施，纠正不法行为，改进调控手段，以达到监督、制约宏观调控权力的目的，使调控主体能够尊重经济规律、遵守法律规定，在法定权限内科学地、审慎地行使各种宏观调控权。

四、结语

党的十九届四中全会总结了新中国成立 70 周年以来的经验与教训，立足党和国家事业的长远发展和全局规划，提出坚持和完善中国特色社会主义制度，推进国家治理体系和治理能力现代化的目标要求。这为完善我国的宏观调控制度体系指明了方向，提供了根本遵循。宏观调控权作为一种重要的公权力，对社会经济的运行影响重大且深远，对之进行监督的重要性不言而喻。国家治理体系和治理能力现代化，要求宏观调控监督制度实现现代化转型。在全面推进依法治国的时代背景下，实现宏观调控监督制度的现代化，就是要实现宏观调控监督制度的法治化。具体而言，就是宏观调控监督制度形式上的法制化和内容上的法治化，这是国家治理体系和治理能力现代化对宏观调控监督制度体系现代化的两大基本要求。要实现宏观调控监督制度的法制化，需从实体制度、程序制度两个方面予以完善；要实现宏观调控监督制度的法治化，在内容上要求对宏观调控的目的正当性、手段适当性、手段必要性、目的与损害均衡性进行监督，在形式上要求宏观调控权力运行内部、监察与司法机关、社会公众通过适当的程序对宏观调控进行多角度、全方位的监督。当前，宏观调控的监察、司法监督与社会公众监督尚无明确的法律制度，这是未来学术研究和立法工作重要的努力方向。

（责任编辑　赵丹丹）

反不正当竞争法对商业模式及经营活动的保护

——基于互联网领域纠纷的角度

谭宇航*

摘　要：现时反不正当竞争法司法实践对商业模式及经营活动提供了较高强度的保护，认为经营者互不干扰的竞争为理想的竞争，经营者之间具有不干扰的义务。本文认为此种司法实践违背了反不正当竞争法旨趣，会阻碍公平竞争，不利于保护经营者的自由经营活动及消费者的利益。本文试图对此种司法实践进行修正和调整，认为应当充分尊重市场的自我调整能力、减少干预，综合利益衡量，降低保护商业模式或经营活动的强度，切实保护消费者利益，对损害他人商业模式及经营活动的行为非难时，需更加谨慎。

关键词：反不正当竞争法　互联网竞争　商业模式　经营活动　干扰行为

一、司法实践：强保护

市场经济以前所未有的速度发展，各种新形态或旧形态变种的竞争亦从传统领域向互联网领域拓展，原有的市场秩序受到了各种冲击。有竞争的地方必然有不正当竞争，诸如广告屏蔽、软件功能屏蔽、修改或遮挡提示窗口、检索结果插标、软件不兼容、页面强制跳转、软件或服务风险提示等由某经营者实施的、影响了其他经营者提供产品或服务的行为都曾被诉诸法院。经营者的商

---

*　谭宇航，华东政法大学知识产权学院博士研究生。

业模式及经营活动是否应受到保护,种种干扰行为①正当与否的争议越来越激烈,反不正当竞争法需要就此作出回应。

在2017年修订前,反不正当竞争法类型化条款往往相形见绌,法官遂以其第2条为法律依据,结合不同原理、学说,作出了种种判决。从我国法院的既往判决来看,在法官眼中,竞争者互不干扰地以自己的优质优价取得竞争优势、占得市场份额才是理想的竞争,对商业模式及经营活动给予高强度保护,对竞争者之间的损害行为、干扰行为的容忍度很低,前述的广告屏蔽或快进②、插标③、遮挡提示窗口④、修改提示窗口⑤、软件干扰⑥等行为多被法院认定为构成不正当竞争。"非公益必要不干扰原则""最小损害原则"等更是将这种"互不干扰为理想竞争"的观点原则化。众多发生在互联网领域的不正当竞争之诉引起了法律界的广泛讨论。我国不少学术观点亦对此持支持态度,认为总体上应对干扰行为予以限制,再考虑有无例外豁免。⑦

反不正当竞争法在2017年底完成了其历史上的第一次修订,专门增加了第12条(互联网条款),试图从立法的角度回应信息时代下互联网市场及竞争的应有发展态势。2019年修订延续了此规定,在强保护环境下,注重"总结司法实践"的互联网条款列举了三种较为"典型"的妨碍、破坏行为,并将"其他妨碍、破坏其他经营者合法提供的网络产品或者服务正常运行的行为"作为本条的兜底条款,较为宽泛地禁止妨碍、破坏行为。

司法实践为了对经营者的商业模式即经营活动予以充分保护,而对干扰行

---

① 实质上,从客观中立的角度看,"干扰"这一词语天然带有否定性色彩,应该采取更为中立的"影响"一词来统称上述行为。但由于我们一直用"干扰",为保持语言统一性,本文亦采用"干扰"一词,但本文所称的"干扰"应是价值中立的。
② 如(2018)浙01民终231号;(2014)一中民终字第3283号;(2014)海民(知)初字第21694号;(2016)沪73民终54号;(2016)京0108民初18471号;(2013)东民初字第08310号等。孔祥俊教授对现有的法院裁判思路进行了精妙的总结。参见孔祥俊:《论反不正当竞争的基本范式》,载《法学家》2018年第1期。
③ (2013)京高民终字第2352号。
④ (2015)京知民终字第2200号;(2016)京73民终50号。
⑤ (2013)京高民终字第2352号。
⑥ (2013)民三终字第5号;(2009)一中民初字第16849号;(2010)一中民初字第10831号。
⑦ 如柳佳:《对屏蔽网络视频广告行为的定性思考》,载《人民司法》2019年第19期;王春晖:《论互联网竞争中的"非公益必要不干扰原则"》,载《电子知识产权》2015年第3期;石必胜:《网络不当竞争认定中的公共利益考量》,载《电子知识产权》2015年第3期;王艳芳:《反不正当竞争法在互联网不正当竞争案件中的适用》,载《法律适用》2014年第7期;杨华权:《论反不正当竞争法中的公共利益——以网络竞争纠纷为例》,载《北京理工大学学报(社会科学版)》2016年第3期;李颖、陈敏:《浏览器不正当竞争案件调查报告》,载《竞争政策研究》2015年第1期;芮松艳:《浏览器针对视频网站使用广告过滤功能构成不正当竞争》,载《人民司法》2015年第8期。

为持较低的容忍度,规制种种"不正当竞争行为"。譬如就广告屏蔽而言,法院采取了一刀切的方式,完全否定了广告屏蔽的合法性。① 而又譬如对于经营者利用公开数据,法院认为经营者应取得数据收集者的同意,数据的公开程度、类型、用户的授权等对裁判结果影响有限。② 无论言语上如何强调"自由竞争""效能竞争",但大多数判决在结果上都认定了行为具有不正当性。在司法实践中,理想的竞争似乎应该如同两个不互切的圆,竞争者之间应当维持低烈度的竞争,现实或潜在市场竞争者负有不干扰的义务,商业模式及经营活动最终在反不正当竞争法的司法实践中得到了高程度的保护。

司法实践存在值得探讨的地方,本文拟先对其提出质疑,认为该等司法实践违背了反不正当竞争法旨趣,会阻碍公平竞争,不利于保护经营者的自由经营活动及消费者的利益。再试图结合其优势、修正其弊端,认为应当充分尊重市场的自我调整能力、减少干预,综合利益衡量,降低保护商业模式或经营活动的强度,切实保护消费者利益,提出认定干扰行为是否构成不正当竞争的应有司法实践。

二、对司法实践的质疑

(一) 司法实践违背了反不正当竞争法的旨趣

尽管法律对市场中的不正当竞争行为的规制最初起源于侵权责任法,我国学者在 21 世纪初亦提炼出"公平竞争权"。然而,"市场竞争是市场社会、市场时代最本质最普遍的东西,竞争无处不在,无时不在,无事不在,竞争广泛化了,竞争社会化了"③,反不正当竞争法的私法性质在减弱,经济法的属性在加强。④ 在属性上,反不正当竞争法是知识产权的兜底法⑤与调控市场秩序的经济法⑥的综合。若将它看作知识产权的兜底法,其是对尚未上升为权利(如数据库)或由于保护范围不特定而难以上升为权利(如装饰装潢)的法益施加的保护;若将它看作调控市场秩序的经济法,其关注的重心已不再是什么

---

① 合一诉金山案,(2014) 一中民终字第 3283 号;腾讯诉世界星辉,(2018) 京 73 民终 558 号。
② 百度诉大众点评,(2016) 沪 73 民终 242 号;腾讯诉今日头条,(2019) 津 0116 民初 2091 号。
③ 参见邱本:《论市场竞争法的基础》,载《中国法学》2003 年第 4 期。
④ 相关观点可参见张占江:《反不正当竞争法属性的新定位——一个结构性的视角》,载《中外法学》2020 年第 1 期;孔祥俊:《论反不正当竞争的基本范式》,载《法学家》2018 年第 1 期。
⑤ 参见吴汉东:《论反不正当竞争法中的知识产权问题》,载《现代法学》2013 年第 1 期。
⑥ 参见郑友德、范长军:《反不正当竞争法一般条款的具体化研究——兼论〈中华人民共和国反不正当竞争法〉的完善》,载《法商研究》2005 年第 5 期。

受保护,而是什么竞争行为是不正当的、应受禁止。

简而言之,反不正当竞争法并不是保护权利的法律,而是保护法益、规制不正当竞争行为的法律。① 甚至可以认为,其并不能直接回答,更不能预测什么是良好的竞争,只能通过表明什么是不好的竞争、某经营者对其他经营者造成何种损害是破坏了良好的竞争机制的,来逆向论述什么是好的竞争。② 反不正当竞争法的特性是由其所调整的对象市场及竞争的特性所决定的。

1. 市场是自由的

市场是自由的,每一个经营者原则上都有充分活动的空间,商业模式或经营活动并无固定形态,竞争者应有行为的自由。③ 权利的内涵与外延具体而确定,边界清晰;法益则更具有模糊性,不具有统一的受保护范式,只能在损害发生后才检讨是否施以救济。④ 否则,在没有充分、明确的公示情况下,反不正当竞争法对此种边界不清晰的利益予以高强度保护,将使得市场中的其他经营者无法知悉其行为的限度,从而损害其他经营者从事市场活动的自由。⑤

假如一项利益的内涵与外延已足够清晰,专门立法或将其作为权利而加以保护并无不可,反不正当竞争法对此种利益的保护更大程度上是一种临时性的保护,体现的是反不正当竞争法为非物质客体提供补充保护的功能。假如一项利益的内涵与外延并不清晰,反不正当竞争法对其施加的保护则需要满足更多的条件。如《反不正当竞争法》第 6 条商业混淆条款,与商标法对注册商标的保护相比,增加了竞争者使用的是他人"达到一定影响"的商业标识的要求,保护程度稍弱。

商业模式及经营活动是经营者在市场活动中采取的一种手段,但它们具体的构成内容却难以得到确定,由于范围较为广泛,经营者更是会随着市场的变化而不固定地对其进行调整。如常见于我国法院判决中的"广告+免费服务":广告呈现方式本来就很多,有片头广告、片中广告、浏览页面侧栏广告、竞价排名广告、弹窗广告等;服务的内容也很丰富,有视频(播放服务提供者享有版权或不享有版权的)服务、搜索服务等;提供服务与播放广告之间的关系也同样丰富,有提供并播放、先提供后播放、先播放后提供、登录后免播放、可关闭播放、不可关闭播放等。商业模式及经营活动的不确定性、

---

① 参见王先林:《竞争法视野下的知识产权问题论纲》,载《中国法学》2009 年第 4 期。
② 参见孔祥俊:《论反不正当竞争的基本范式》,载《法学家》2018 年第 1 期。
③ 参见邱本:《论市场竞争法的基础》,载《中国法学》2003 年第 4 期。
④ 王利明:《侵权责任法研究(上卷)》(第二版),中国人民大学出版社 2016 年版,第 436 页。
⑤ 薛军教授从举证责任分配的角度作出了分析,参见薛军:《质疑"非公益必要不干扰原则"》,载《电子知识产权》2015 年第 1 期。

多变性使得对其实施强保护的后果很可能是不恰当地限制了其他竞争者的竞争自由、陷入被诉的风险中。①

2. 竞争带来的损害是中性的

现时司法实践亦逐渐注意到反不正当竞争法的经济法属性,在论理上,多回避讨论商业模式及经营活动的保护程度,多从干扰行为不正当角度切入。②因此,本文需要正面讨论:干扰行为是否本身即带有不正当性,以至于干扰行为的实施一旦非出于公益,造成了非最小必要的损害,即应当规制?竞争伴随着损害,优胜劣汰、适者生存等皆是对此的阐述。③ 人们并不否认市场竞争的损害性,而是关注何种损害才值得法律禁止。

(1) 从效能竞争的角度看

根据效能竞争理论,理想的竞争应是使其竞争优势的完全展开,当行为造成竞争优势不能被展开时,带来此等损害的行为往往具有不正当性。④ 需注意,"经营者竞争优势的完全展示"并不等同于经营者经营活动的完全展开。若竞争者没有以商业诋毁贬损其他经营者的商誉,也没有利用他人的商业标识、产生混淆可能性、攫取其他经营者的商誉,更没有利用他人的商业秘密等准知识产权客体,此时认定其他经营者的竞争优势受到损害需极为谨慎,否则将有泛滥化保护的嫌疑。

司法实践认为其他经营者的竞争优势会因干扰行为而受到损害,其本质上系认为经营者以某商业模式或经营活动方式展开时,应当能如其所愿收获回报,用户流量当属于该经营者,因"家门口"的流量被夺走而致干扰行为的实施者明显具有不正当性。⑤ 但这种判定流量归属的分析过于宽泛而简单。所幸,已有法院注意到该问题,并开始对"流量属于谁""谁篡夺了谁流量"展开分析,对流量归属的判定日益趋严,只有在某具体情况中用户具有接受某种

---

① 参见周樨平:《竞争法视野中互联网不当干扰行为的判断标准——兼评"非公益必要不干扰原则"》,载《法学》2015 年第 5 期;李扬:《互联网领域新型不正当竞争行为类型化之困境及其法律适用》,载《知识产权》2017 年第 9 期。

② 典型案例参见(2018)京 73 民终 558 号。

③ 参见王红霞、李国海:《"竞争权"驳论——兼论竞争法的利益保护观》,载《法学评论》2012 年第 4 期。

④ 范长军:《德国反不正当竞争法研究》,法律出版社 2010 年版,第 48 页。另参见张占江:《不正当竞争行为的认定的逻辑与标准》,载《电子知识产权》2013 年第 11 期;郑友德:《反不正当竞争法一般条款的具体化——兼论〈中华人民共和国反不正当竞争法〉的完善》,载《法商研究》2005 年第 5 期。

⑤ 参见(2015)京知民终字第 2200 号;(2013)京高民终字第 2352 号。

产品或服务的可能意愿,才能将流量的归属确定于该产品。①

无论是何种商业模式与经营活动,抑或活动的开展而积攒的流量,在性质上是无形的,非竞争性的,受保护范围是不确定的。对流量的干扰与利用亦不一定会如同对有形物的干扰与利用那般,当然地致使被利用价值贬损。判断商业模式与营业活动产生的用户流量到底属于谁,应当更加谨慎,维持司法中立,不能作过宽把握。

（2）从激励效应的角度看

有观点从法经济学的激励效应角度展开分析,认为:经营者通过提供优质优价的商品或服务而取得竞争优势,尽管该竞争优势会导致其他经营者在竞争中落败而受有损害,但这种优质优价是经营者提高自身技术水平、改变商业策略的结果,带来的社会福利增加能弥补其造成损害,故应当允许,例如火车替代了马车。相反,若一种竞争对其他竞争者造成损害,但没有带来至少同质的替代品,这种竞争只是摧毁而无建立,应当予以禁止。② 为此,竞争者之间应该和平发展、互不干涉,若竞争者实施干扰行为并没有创造新的社会福利,反而阻碍了他人服务的提供,致他人受损,社会福利总量减少,该行为应当受到禁止。③

这种观点并不全面,干扰行为可能会,也可能不会减少社会福利。首先,并非所有受干扰的经营者提供的商品或服务都是优质优价的,另一同质同价或难以分清谁优谁劣的经营者通过干扰,将消费群体转移到自己名下亦属正常的竞争样态。如一经营者在另一经营者商铺前招揽客户,将拟进入该店铺的客户招进自身的店铺中,这并不违反经济人伦理。其次,优质优价并非在所有市场中都是稀缺、难以创造、不可替代的,尤其在技术准入门槛并不高的互联网领域中,竞争优势更多体现在该经营者所积累的巨量数据。④ 而且,在我国互联网公司提供的服务类型丰富而不单一的竞争环境中,干扰行为并不当然会导致市场上的优质优价产品或服务变得稀缺。最后,从增进社会福利的角度看,干扰行为不一定会导致社会福利的减少。相反,因干扰行为而导致商业模式优化并不是不可能。譬如因美国法院对屏蔽广告行为持不否定的态度,视频网站

---

① 参见（2015）京知民终字第557号,二审法院观点。又譬如,（2015）京知民终字第2200号,二审法院观点。

② 参见（2014）一中民终字第3283号。

③ 参见（2013）京高民终字第2352号。该案承办法官在其论文中亦明确不干扰是符合经济规律的,参见石必胜:《网络不正当竞争纠纷裁判规则的激励分析》,载《电子知识产权》2014年第5期。

④ 如某用户常用一款输入法,该输入法会记下用户的输入习惯,从而提供更高效的输入,该输入法对该用户而言便是优质的。

YouTube 顺势而推出了"True View"服务，使其用户在观看 YouTube 上的视频时，可自主选择是否跳过广告。

(3) 从干扰行为与反制措施之间的关系看

干扰行为的实施确实可能会增加采取反制措施的成本，这也往往成为认定干扰行为具有不正当性的理由之一，"技术丛林"等用语往往被用来描绘、假想允许干扰行为可能导致的不利后果。①

在已被类型化的不正当竞争行为中，商业诋毁即属于歪曲事实、干扰他人商誉展示的不正当竞争行为，从宽泛的层面也可将其理解成为一种干扰行为，而其他发生在互联网领域中的干扰商业模式的行为却有所不同：② 一是干扰行为并不必然歪曲事实，不能当然被认定为违反了诚信原则、违背了经济人伦理，不正当的色彩较弱；二是当干扰的对象采取反制措施时，尽管可能会导致技术竞争，但因此可带来的技术革新、经营活动优化、用户体验改进的可能性等社会福利，在互联网技术的用途具有多样性、被干扰的经营活动并不令公众满意的情况下尤为如此。

实际上，一项商业模式或经营活动自有其的商业逻辑。在以流量为王的互联网时代，如果将经营者免费招徕的用户的价值仅仅认定只有提高广告收入的功能，裁判者的思维似乎仍停留在广播电视时代，过于小看互联网时代的经营者，更是忽略了用户流量本身可带来除广告收益以外的巨量价值。同时，对待干扰行为的反制措施亦未必有着很高成本，如微信、QQ 的内置浏览器不兼容淘宝网页，用户无法在微信、QQ 客户端内直接打开淘宝页面。不兼容行为影响了阿里提供淘宝服务，对阿里而言无疑属于干扰。但阿里通过分享口令，指引用户用外置浏览器或进入淘宝 App 内打开，实现了良好的反制。因干扰行为而可能导致的结果实属未知状态，我们对未知应持开放的态度，真正地秉持"市场归市场、技术归技术"的理念，相对宽松地看待竞争。③

(二) 司法实践不利于保护消费者利益

反不正当竞争法在 2017 年修订时，消费者利益进一步得到了重视，修订后的《反不正当竞争法》第 2 条第 2 款明确了"消费者的合法权益"的地位，

---

① 参见（2013）民三终字第 5 号。
② 有观点认为干扰商业模式本质上与商业诋毁一样。芮松艳：《浏览器针对视频网站使用广告过滤功能构成不正当竞争》，载《人民司法》2015 年第 8 期。
③ 参见李扬：《互联网领域新型不正当竞争行为类型化之困境及其法律适用》，载《知识产权》2017 年第 9 期。

采取了"或"一词,表明了其地位独立且等同于"经营者的合法权益"。①2019年修订延续此规定。《反不正当竞争法》对消费者利益的强调为我们的法律适用提供了基本思路,在判断市场秩序是否混乱时,不能仅仅将视野放在竞争者之间,更需要考虑竞争者争夺的对象——消费者的利益是否得到充分的保护。

需要明确,不能将商业模式所产生的法益等同于类似于著作权的权利,否则很容易会产生"消费者获得盗版作品也是对他们有利益的,但这种利益并非合法利益,故而应受到禁止"的不当"同理"对比。同时,无论经营者采取何种商业模式,在经营者不对商业模式享有绝对权的前提下,用户并无尊重此种商业模式的法定义务。

1. 消费者利益应该是"合法的利益"?

不少发生在互联网领域的干扰行为,与以往被诉为不正当竞争的行为相比,起码在表现形态上,不是削弱反而是彰显了消费者利益。这对认定此类行为的不正当性产生了很大的挑战。司法实践着力将消费者利益限定在"合法的""正当的"等限度内。例如"免费服务/软件+广告"是我国互联网经营者多采取的商业模式。有法院曾较激进地直接指出,接受广告是用户的"义务""接受服务的对价",尽管二审法院对此不予支持,但其仍认为用户接受服务而屏蔽广告的行为已超出了"合法利益"。② 司法实践对既成商业模式提供了很高规格的保护,大有不可动摇的意味。

笔者认为这种态度并不正确。首先,尽管反不正当竞争法并不能给予消费者全部方面的保护,但它亦无意限制消费者权益保护法等法律对消费者权益保护。假如裁判一项竞争行为构成不正当竞争,将使得消费者实际享有的权益受损,该项裁判不可谓正确。其次,应较为宽松地理解"消费者的合法权益"中的"合法",以更好地维护消费者的利益:只需确定法明确禁止消费者做的行为,其余的行为均属于合法的。最后,在无法定之法的前提下,消费者与经营者之间达成的协议也是一种法,是否意味着假如经营者是否可援引协议,认定消费者违反协议而获得的利益"不合法"?每个经营者都会在协议中最大化自己的利益,仅以用户协议的内容断定干扰行为是否符合用户长远利益,并不

---

① 参见梁志文:《论〈反不正当竞争法〉下广告屏蔽软件的合法性判断》,载《电子知识产权》2018年第1期;王晓晔:《有效竞争——我国竞争政策和反垄断法的目标模式》,载《法学家》1998年第2期。

② 参见(2013)民三终字第5号。

妥当。① 而且，用户协议往往是服务者提供的格式条款，具有不平等性，通过用户协议禁止用户实施特定的行为本身可能影响了用户的权益，并不合法，若一概承认此等用户协议的效力，用户又怎能对难以接受的商业模式进行自力救济？

2. 消费者利益应该是"长远的利益"？

亦有观点从"消费者长远利益"角度出发，认为干扰行为带来的利益是暂时的，为保护消费者的长远利益，从而维护竞争秩序的稳定，应禁止干扰行为。② 这种学说明显缺少说服力，未经实证而以个人的理智认定某种利益属于消费者的长远利益或短期利益，并不妥当。相反，美国法院在认定损害是否发生、损害的程度时，较为强调专家证人的作用，让双方专家证人就损害的存在及程度，结合具体案件、行业状况、经济学模型等，进行充分辩论，以便法官能作出更有说服力的判决。③

受干扰的经营者的利益确实可能会受到冲击，但正如前文所言，这种冲击对该经营者而言并不一定是毁灭性的、反制措施也不是非常有限、成本高昂的。与其说消费者的长远利益得不到保护，倒不如说是经营者再也无法像从前一样以该商业模式来牟利，所称"保护消费者利益"云云仅是皮相，这种观点本质上也是因裁判者等不知商业模式受干扰后的影响，而选择加强管制、强保护商业模式或经营活动的逻辑。

3. 司法实践的本质

消费者利益并非当然高于竞争者利益，但当司法实践有过度重视竞争者利益而通过各种理由虚置消费者利益的倾向，需要先恢复天平的平衡，真正地在审理不正当竞争的案件中，重视消费者的利益。

司法实践将利益的天平向提供商业模式的经营者倾斜，而将消费者利益摆在劣位。比如在百度诉奇虎插标案中，法院并没有考察奇虎究竟在百度上插了多少指示错误的标识、百度因此而产生了何种程度的损害，即认为奇虎进行了

---

① 有学者在探讨数据利用规则时深刻地指出："'任何人不得为自己的法官'……数据持有企业并不是超脱于用户和数据获取企业之外的第三方，相反，其利益深深地嵌入其中。故数据持有企业不可能基于维护用户利益，而非基于自身利益，做出相关决策行为。"徐伟：《企业数据获取"三重授权原则"——反思及类型化构建》，载《交大法学》2019 年第 4 期。

② 参见芮松艳：《浏览器针对视频网站使用广告过滤功能构成不正当竞争》，载《人民司法》2015 年第 8 期；谢兰芳：《论互联网不正当竞争中消费者利益的保护》，载《知识产权》2015 年第 11 期。

③ 参见卢永红：《论专家证人——美国专家证人制度的启迪和中国司法现实的思考》，载《中央政法管理干部学院学报》2000 年第 6 期；季美君：《专家证据的价值与我国司法鉴定制度的修改》，载《法学研究》2013 年第 2 期。

插标并指引用户去下载360浏览器的行为本身具有不正当性，仅留下一个开口很窄的"公益"作为避风港。实际上，奇虎所插之标大多都系针对恶意网站、欺诈网站、病毒网站，指引用户去下载360浏览器的行为本身也不会损害百度检索功能的发挥，奇虎的行为对百度损害可谓有限。因此，法院明显偏重于保护百度经营者的利益，高度禁止他人干扰百度的商业模式。

可能以上观点才是真正地忽略了用户的长远利益。用户通过辨识检索结果是否带有危险标识而自主选择是否点击，有助于降低被病毒入侵、诈骗的概率；同时，承认插标行为的一般合法性，检索结果中呈现的竞价排名结果等非自然检索结果亦有可能被标注上"广告"等类似的标记，有助于提高用户谨慎性。以上这种明显有利于用户利益的影响不应该被忽略，不能因为此等用户利益的实现会不利于服务提供者而拒绝承认用户利益的存在。假如一经营者对另一经营者的提示词作此等干扰，但用户能清晰辨认变更后的提示词的提供者、没有引起混淆可能性的，此时干扰者客观上并没有利用、攀附他人商誉，这种变更增加了用户的选择，原则上对用户是有利的，不应予以否认。

（三）小结

目前，部分司法实践对既成的（原告的）商业模式或经营活动保护程度及对干扰行为的挑剔程度甚高，这虽然有利于维护原告的利益、维持已形成的市场秩序，但这是建立在削弱市场的灵活性、损害消费者利益的基础上的。市场是自由的、经营者利益受损是竞争的常态，商业模式的内涵及外延不稳定，这都使得反不正当竞争法对其的保护是有限的。尽管干扰行为并不是因其优质优价而取得的竞争优势，但这种竞争并非当然是无效率的，不能因其可能会带来颠覆而认为此等竞争属于资源浪费，技术竞争、商业模式更新所产出的积极效果可能不是坐在书桌上就能够想象出来的。在反干扰、强保护的语境下，往往会为消费者利益的实现设定诸多条件，义务论、对价论、长远利益论等本质上都是一种借口，为部分司法实践的强保护提供说辞，我们应当正视消费者利益，真正将维护其利益作为维持市场秩序的重要一环。

三、应有的司法理念

通过上文的分析，可得出目前司法实践的缺陷之处，现笔者试图提出反不正当竞争法在处理干扰商业模式的行为时所应该有的逻辑。

（一）观念上弱化对商业模式的强保护

目前，部分司法实践在处理干扰商业模式行为是否正当时，往往会先行分析原告诉请保护的商业模式是否为"合法的"，如其为"合法的"，则认为其可以获得保护。① 毒树之果不受保护，自无不当。然而，"合法的商业模式"仅说明了其受到保护的可能性，而非当然能受到保护，不能据此推论他人不能干扰。

第一，裁判者的本职工作并非参与到市场活动中，信息接收渠道是间接的，亦不直接享受或承担市场中的利益得失，对市场、技术的发展态势并无充分、完全的了解。因此，在对市场中的种种竞争行为的正当与否进行裁量时，裁判者更多的是需要保持谦卑的态度，不应持有过高的自信。② 相比于立法，司法缺少"资源来调查、研究和提供平台去制定广泛的公共政策"③。市场自有市场的逻辑，在市场经济的环境下，应当相信市场自有的调节能力，尽量减少对市场的干预。④

第二，减少干预意味着我们需要在观念上转变对待市场与竞争的态度，真正地承认市场的自由性、承认竞争的损害性，观念上淡化强保护的态度、不理所当然地认为嵌入式的、动态的竞争先天上具有不正当性，而应给以"更多的宽容、更少的管制"。我们并非当然就要认为商业模式受到的保护程度应该很轻，但至少应该要做到不偏不倚，为技术的创新、商业模式的更新留下相对宽泛的空间。如目前司法实践不改变总体观念，仍高强度保护商业模式及经营活动，尽力论证干扰行为的天然不正当性、强保护的必要性，方向将很容易继续发生偏转。⑤

---

① 参见（2014）一中民终字第 3283 号；（2018）京 73 民终 558 号；（2016）沪 73 民终 242 号；（2019）津 0116 民初 2091 号。
② 参见邱本：《论市场竞争法的基础》，载《中国法学》2003 年第 4 期。
③ Anstine v. Hawkins, 92 Idaho 561, 447 P. 2d 677 (1968).
④ 参见保罗·萨缪尔森、威廉·诺德豪斯：《萨缪尔森谈效率、公平与混合经济》，商务印书馆 2012 年版，第 74 页。
⑤ 参见李扬：《互联网领域新型不正当竞争行为类型化之困境及其法律适用》，载《知识产权》2017 年第 9 期。

（二）进行利益综合衡量①

在确定商业模式及经营活动的保护范围、认定被诉干扰行为是否具有不正当性时，我们应对竞争者之间的利益、竞争者与消费者之间的利益进行综合考量。假如一项干扰行为，既较大地损害了实施此等商业模式的经营者的利益，又较大地损害了消费者利益，这种干扰行为打破了利益的平衡，具有较强的不正当性，对其予以禁止并不存在太大问题。如通过强制跳转、自动跳转的方式实施流量劫持的行为，该跳转的网页整体覆盖了原本的网页，使该网页的内容全部均无法展示、强逼用户观看跳转网页、增加了用户为关闭该跳转网页而产生的时间成本，对经营者与用户都产生较大的不利影响，毫无疑问具有不正当性。但当一项行为能为用户带来利益，却损害了经营者利益时，或对用户、经营者的利益损害并不明显时，进行利益综合衡量的难度便陡然上升，下文亦主要拟就此展开分析。

1. 原告受到的损失应为超出公平市场所可以容忍的限度

竞争多伴有损害，这使得反不正当竞争法在规制竞争行为时，需要通过提高原告证明其受到的损失的证明标准，以避免压抑竞争，为自由留下空间。② 与侵权责任法③的通例不同，反不正当竞争法需要综合平衡各方利益，并不当然因被告受到损失即实施救济，而应要求原告受到的损失超过公平市场竞争通常带来的损失。④ "一个行为构成不正当竞争行为的条件不仅在于它造成损害，更在于它以何种方式造成损害；'方式'决定了可责性的存在与否。"⑤ 原告受到的损失有时不再是判断被告应作赔偿额度的大小的证明标准，而直接成为判断被诉干扰行为是否属于不正当的证明标准之一。原告应当证明其受到的损害将会"大大地减少原告生产该产品或服务的动机，以致其存在或质量将受到重大威胁"⑥，超出一个公平市场可以容忍的损害。

---

① 最高人民法院对利益综合衡量作出较好的概括："统筹兼顾智力创造者、商业利用者和社会公众的利益，协调好激励创造、促进产业发展和保障基本文化权益之间的关系。"见最高人民法院：《关于充分发挥知识产权审判职能作用推动社会主义文化大发展大繁荣和促进经济自主协调发展若干问题的意见》。

② Restatement (third) of Unfair Competition, section 1, comment a.

③ 已失效，代之为民法典。

④ 参见范长军：《德国反不正当竞争法研究》，法律出版社2010年版，第104页。See Restatement (third) of Unfair Competition, section 1, comment g.

⑤ 兰磊：《比例原则视角下的〈反不正当竞争法〉一般条款解释——以视频网站上广告拦截和快进是否构成不正当竞争为例》，载《东方法学》2015年第3期。

⑥ NBA v. Motorola, Inc. 105 F. 3d 841 (2d Cir. 1997)。

对此，司法实践似乎亦是持支持态度的：无论是否正确合理，其往往会着力假想干扰行为的影响是如此之大，以致允许其继续存在将会导致原告受有重大的损失。① 甚为遗憾，司法实践对一项干扰行为会对原告造成何种程度的损失并没有作较多的分析，其往往会基于商业模式或经营活动受到破坏后、原告利益将重大受损的假想，直接推论干扰行为打破了利益的天平，认为确实具有不正当性。司法实践所接受的"最小损害原则"② 更是不仅将干扰行为合法的举证责任分配给被告，还将行为合法的证明标准提升到了被告应采取损害程度最小（而不是在合理限度内）的干扰，利益的天平明显更加倾斜。"最小损害原则"诞生于行政法，后被反垄断法所吸收，它所作用的对象是政府、具有垄断地位的企业等巨头，将其广泛运用在规制非垄断主体的市场经济活动上并不妥当。应要求原告证明其因干扰行为而受到的损失，考察其是否超过了公平市场所可以容忍的限度，③ 再结合被告的抗辩，作分析：

第一，考虑干扰行为针对了原告提供的何种业务，考察受干扰产品或服务的数量及其重要性。尽管 2017 年反不正当竞争法实施后，相当部分的干扰商业模式的行为已经受到了"互联网条款"的调整，不再由原则性条款进行调整，但这并不意味着干扰行为只需在文意上满足"互联网条款"即违法。"互联网条款"在概括性条文与兜底性条文中都突出表明妨碍、破坏的是"产品或服务的正常运行"。④ 因此，若受干扰的为其主要的服务或受干扰的服务众多，可以认定原告受到的干扰超过了市场竞争所可以容忍的限度。如在 3Q 大战中，奇虎提供的 QQ 保镖整体依附于 QQ 软件上，可以充分且轻松地屏蔽 QQ 软件上的大部分功能，此时能认定奇虎所实施的干扰行为对腾讯造成了超过限度的损害。⑤ 而在认定广告屏蔽行为是否具有正当性时，由于播放广告并非服务提供者的主要业务，广告的不播放不会导致其服务无法有效提供；尽管广告受屏蔽后其收入会有所减少，但当屏蔽的方式、数量是有限时，即使不考虑其他原因，我们能径直认定这种损害并未给原告造成超过限度的损害而不具有不正当性。

第二，考虑经营者实施反制措施的可能。与民法典不同，反不正当竞争法作为调控市场秩序的经济法，当且仅当市场机制失灵、难以有效发挥其功能时，才有干预的可能性与必要性。因此，如经营者能自行实施成本不高而有效

---

① 例如，（2017）京 73 民终 282 号。
② 参见（2014）民申字第 873 号。
③ 参见（2009）民申字第 1065 号。
④ 《反不正当竞争法》第 12 条。
⑤ （2013）民三终字第 5 号。

的反制措施,亦可推断干扰行为对原告造成的损失有限。经营者能实施反制措施而未实施的,不宜认定其因干扰行为而受到超过限度的损害。总之,应考虑减少法律的干预,降低法律运行成本,还市场自由。经营者是否能实施低成本、有效的反制措施,属于肯定性事实、在性质上属于一种抗辩,应由主张该事实存在的被告进行证明。在判断反制措施的有效性时,并不一定要求其能完全杜绝他人的干扰,某些行业普遍认可的技术规范虽能在技术上轻松突破,但因其被竞争者共同遵守,采取这种技术规范亦应被视为有效的。

第三,不应轻易认定搭便车的不正当性。干扰者干扰行为在实施后,多伴有干扰者引导用户使用其自身的产品或服务的行为,这种竞争行为通常会被法院认定为是不正当的"搭便车",而应予以禁止。① 这种分析存在明显问题,在经营活动或商业模式不属于知识产权法保护的客体时,对其的保护应更为有限,利用他人的经营活动为自己牟利并不当然具有不正当性。② Lemley 教授指出:"将无形财产正外部性内部化是在特殊的场合中才是有必要的。这基于以下几个原因:不需要如同对待损害一样,将收益内部化;捕获正外部性的行为可能会实际减损收益、使每个人变得更糟糕;试图去捕获正外部性的行为将带来寻租……需要在发明创造者的控制与正当的竞争秩序中维持平衡。"③ 我们不能认为被告"搭便车"就值得予以实施救济,而应基于具体案件作出针对性分析,考虑原被告双方所处市场的总体竞争形态,考虑双方向市场提供何种产品,考虑产品的提供途径、方式、客户群体、目标市场是否及在何种程度存在重合,考虑若禁止利用行为对言论自由、商业行为自由、消费者利益的影响。

第四,要考虑干扰行为被模仿的风险。在总体宽容的同时,我们需要考虑到:若经营者实施该行为带来的利好明显大于不实施,基于成本效益的分析,当缺少对该行为的有效制裁时,实施行为对经营者的正向溢出是明显的,法律的宽容无异于系反向激励经营者实施此等行为。更进一步而言,已经享受了该行为带来的效益的经营者在市场上树立了一个激励效应,人们会对此种激励行为作出响应并跟从,"破窗效应"④ 由此形成,久而久之,行为因不断地得到纵容而泛滥。德国《反不正当竞争法》适用时亦有考虑到竞争行为是否有

---

① 典型如(2013)京高民终字第 2352 号。
② 邵建东:《论我国反不正当竞争法保护"经营性成果"的条件——对若干起典型案例的分析》,载《南京大学学报(哲学·人文科学·社会科学版)》2006 年第 1 期。
③ Mark A. Lemley, Property, Intellectual Property, and Free Riding, John M. Olin Program in Law and Economics Working Paper No. 291 August 2004, at 2.
④ 即环境中的不良现象如果被放任存在,会诱使人们仿效,甚至变本加厉。

"被模仿的危险",若有,则即使单个被诉行为本身的危害性不显著,亦有受禁止的余地。如针对"不可合理预期的骚扰",德国法院认为:"如果将某种这样的商业行为认定为合法,是否会存在模仿的危险,即其后的众多的经营者是否会竞相采用这种商业及竞争方式,从而影响到更多的相对人,单个的相对人也被同样的但由于不同经营者实施的商业行为多次,从而达到多数人无法容忍的聚集密度。"① 因此,在不片面地保护既有商业模式时,亦应考虑维护自由竞争带来的利益与因宽容而致变相激励此等竞争行为而带来的不利后果,"要注重裁判的社会效果/社会影响"。

2. 重视消费者的利益并将其作为利益平衡的重要一环

第一,重视消费者利益要求我们不能将值得反不正当竞争法保护的消费者利益范围收窄,司法实践着力分析消费者利益是否为"合法""长远"都不是真正保护消费者利益,而是为强保护提供更好的说理。实际上,只要消费者的利益不违反法律的规定,该项利益足以受到反不正当竞争法的保护。

第二,对消费者利益的重视要求我们给以消费者充分、自主的选择权②。消费者是经营者提供的商业模式的直接接受者,该商业模式是否难以让人接受在更大程度上是消费者选择、判断的结果,消费者是否不愿意接受该商业模式应由消费者自主决定。在消费者获得了真实、充分的信息后,干扰行为对消费者利益的保护是较为有利的:在没有干扰行为前,用户对某种商业模式的不满意确实可以"用脚投票",有法院即认为用户不满意的,可自己进行规避,其他经营者不应评头论足,经营者之间应该保持和平共处。③ 但假如这种令用户不满意的商业模式或经营活动已经在市场上全面铺开,且对其实施强保护似乎已成为司法原则的情况下,经营者当然会怠于优化已经形成的"行业惯例",用户的"脚"似乎实际上不具备可行走的空间。更重要的是,当用户利益受到损害时,司法实践并没有考虑综合衡量用户与经营者之间的利益,不真正地考虑经营者受到的损害是否已超过公平市场可容忍的限度,而将矛头直接指向消费者,要求其予以规避,这明显不是真正重视消费者利益的体现。干扰行为的好处正是起到了补强用户抵抗能力的作用,其向市场的经营者表明,经营者需要谨慎地提供令人满意的产品或服务,否则用户将利用干扰者提供的工具,为自己谋取更好的利益。

---

① 范长军:《德国反不正当竞争法研究》,法律出版社2010年版,第311页。德国适用一般条款时,亦需考虑"被模仿的危险",见该书第104页。
② 参见黄勇:《论互联网不正当竞争的"新边界"》,载《电子知识产权》2015年第1期。
③ (2013)民三终字第5号。

具体为：首先，干扰行为提供的各种功能默认关闭。一项商业模式尽管可能不太理想，但并不是总令所有用户都不满意的，尊重用户的自主选择权，包含着尊重那些接受该商业模式或营业活动的用户的自主选择权。同时，功能的默认关闭亦可避免干扰行为"夹带私货"地损害消费者自主选择权，毕竟干扰行为实施的方式、程度、质量具有参差不齐，需要尊重那些不喜欢实施某种干扰行为的用户的自主选择权。其次，若经营者实施捆绑安装行为，其安装行为没有取得消费者的同意或通过欺诈的方式获得了消费者的同意，无论该捆绑安装的软件是否比其他软件更加优质，亦明显构成对消费者利益的侵害。这种行为在2017年反不正当竞争法前已有法院通过原则性条款予以规制①，并无问题。最后，干扰者实施"一键屏蔽""一键清理"等行为，其干扰行为是全面的，对经营者影响大，且其未清晰向用户提示拟将屏蔽、清理的对象及其原因等重要信息，有可能构成不正当竞争。

第三，消费者是竞争秩序中的重要组成，在认定干扰行为的不正当时，消费者利益应作为重要加权利益，考虑禁止或不禁止干扰行为对消费者的影响。尤其在我国反不正当竞争法没有赋予消费者诉权时，为更好地保护消费者的利益，更注重对消费者权益是否因竞争行为而受到损害作分析。为此，可适当放宽认定因消费者利益受损而致经营者利益受损的因果关系认定，以证明竞争行为的不正当性，适当地借保护经营者利益而保护消费者利益。譬如后端弹窗尽管无阻挡经营者的界面，在网速足够的情况下，亦不会降低网页接入速度。但假如不对其加以禁止，后台弹窗的数量将会增多，"牛皮癣"现象将大规模爆发，着实导致用户的操作变得甚为不便。故授予被弹窗的经营者胜诉权具有较大必要性。在搜狗诉百度捆绑下载案中，二审法院评判软件捆绑行为时亦有类似观点。②

第四，基于利益平衡的理念，假如消费者因干扰行为而受到的损害较为轻微，为保留干扰者的商业行为自由，这种干扰行为不宜直接判断为不正当。譬如，经营者对另一经营者实施不兼容，无疑损害了互联网的互联互通性，内容的全网展示受到了影响，对消费者无疑是不利的。但假如这种不兼容，消费者只需要通过简单的几步即可实现规避，而未达到在同一操作系统上无法同时存在的程度，认定此等不兼容的合法性亦不存在太大问题。又如，在百度诉搜狗下拉提示词案中，搜狗的下拉提示词尽管有诸多取消及变更的方法，但一审法

---

① 参见（2017）京民终5号。
② 参见（2017）京民终5号。

院仍对该区分予以全部否定。① 搜狗的设置确实会存在一定程度的混淆可能性，但一审法院也认识到这只是"部分消费者"会混淆，即"混淆可能性较低"。即便是判断商标侵权是否成立时，亦不是以消除全部的混淆可能性作为判断商标侵权不成立的条件，而是只有在混淆可能性较高时，才判断商标侵权的成立。一审法院观点明显不当。二审法院则着重分析的是搜狗如此提供服务的行为是否具有混淆可能性，并得出了具有较高程度的混淆可能性，从而据此认为搜狗的行为具有不正当性，不再以是否针对性开发、是否有违商业惯例为搜狗行为正当与否的依据，明显更为合理。

（三）商业道德与主观过错的地位

在传统民法中，侵权行为的成立一般需要侵权人具有侵权的主观过错。脱胎于侵权法的反不正当竞争法在认定行为具有不正当性时，有时亦要求不正当行为的实施者具有主观过错，需要实施者具有故意、恶意等心态，②不正当竞争行为是一种背德行为。③ 如"互联网条款"在认定不兼容行为时，亦要求其实施的是"恶意不兼容"。但竞争是经营者之间争强斗胜的过程，经营者带有损害竞争对手、为自己牟利的主观意图难以被非难。为厘清合适的损人意图与不合适的背德意图，竞争者主观过错的标准逐渐由市民道德变成了经济人伦理，竞争者的主观过错不再以违背市民社会中的道德为判断，而以行业共同认可、遵守的，以行业惯例、行业公约等形式表现出来的市场道德为判断标准。④

商业道德应是以何种形式呈现，确实可以得出一些并无错误的原则，诸如公平、平等、诚信等。根据原则来认定干扰行为是否具有不正当性确实在某种程度上起到提纲挈领的效果。但这种原则的论证能力却不强，要具体确认一个行为是否违背了这些原则、适用这些原则有无例外情形等问题并非容易。商业道德作为一种抽象而主观化色彩浓厚的"事实"，对其的证实需要通过察看被告在客观上实施了何种行为来完成，性质上属于一种推定。在认定一项竞争行为是否背德时，通过客观标准进行论证是必要的。首先，政府主管部门、行业协会发布的行业规范等文件，如《规范互联网信息服务市场秩序若干规定》《互联网终端软件服务行业自律公约》等，一般会被司法实践采纳。法院作此

---

① 参见（2015）京知民终字第2200号。
② 参见工业和信息化部出台的《规范互联网信息服务市场秩序若干规定》第5条第1款。
③ 譬如WIPO《保护工业产权巴黎公约》第10条第2款将不公平竞争定义为，在工商业事务中违背诚实惯例的任何竞争行为。
④ 参见（2009）民申字第1065号。

等采信并不太关注其效力位阶、是否具有溯及力等问题,而直接将其作为认定存在某种行业惯例的依据。① 未对行业规范等文件细审而加认定,可能会导致行政或行业协会权力扩张、影响市场自由,司法实践仍需对行业规范本身进行评估。不能仅因文件系某行政机关或行业协会发布,即认为其具有相当的效力,更需考虑文件的出台时间、制定目的、制定主体、原被告是否对此作出承诺、文件与行业的契合程度、文件对市场及行业的影响、是否有适用的先例等。其次,认定商业道德的存在并非只能通过参考政府部门或行业协会发布的文件来认定,行业内普遍实际认可的相关事实,亦可以成为参考因素。不过这种"事实"并不如同行业惯例那般存在着清晰的内容,证明该事实的存在需要有更高的证明标准,以免"事实"泛滥化。

有学者认为判断竞争行为是否属于不正当竞争时,将道德因素纳入考虑具有较大的模糊性,不宜采纳,而应直接转向客观标准。技术与市场越来越复杂,越来越多呼声认为认定竞争行为是否不正当时不再需要考虑主观过错。② 美国《反不正当竞争法重述》则采取相对缓和的观点:首先,认为主观意图系一种参考的因素,若被告主观带有损害的故意,而实际上对他人竞争优势造成破坏的,能证立被告构成不正当竞争。其次,当被告有损害的故意,不是被告构成不正当竞争的初步证据,不意味着被告需承担行为不构成不正当竞争的举证责任。最后,被告正当与否,根本仍要考虑行为是否破坏了他人竞争优势。被告无损害的故意,而行为背法,亦构成不正当竞争。③ 本文认为,尽管考虑竞争行为是否违背商业道德、是否具有恶意根本上需要求诸客观标准,但正如《反不正当竞争法重述》的观点,主观标准的存在至少可以丰富认定不正当竞争行为的因素,可供法院参照适用,使认定的理由更充分、认定的逻辑能得到更清晰的表述,不应放弃。④

四、结语

司法实践赋予了竞争者较重的不干扰义务,亦因此而形成了强保护商业模式或经营活动的结果,要求竞争者之间就如同谦谦君子一样,竞争被维持在低

---

① 参见(2013)民三终字第 5 号。
② 参见蒋舸:《反不正当竞争法一般条款的形式功能与实质功能》,载《法商研究》2014 年第 6 期;王文敏:《互联网竞争中不当干扰行为的认定》,载《知识产权》2016 年第 10 期。
③ See Restatement (Third) of Unfair Competition § 1 (1995), Comment: a. The freedom to compete.
④ 关于构成因素对构建法律制度的意义可参见[德]卡尔·拉伦茨:《法学方法论》,陈爱娥译,商务印书馆 2004 年版,第 16 页。

烈度的和平共处状态。这尽管具有一定的好处，但更多地忽视了市场与竞争本身的特性、忽视了消费者利益、为创新留下较为狭窄的空间。为矫正其偏漏，在总体观上，我们应该承认有限理性、尊重市场、减少干预，让"市场归市场"；在具体进路中，我们需要进行综合利益衡量、更加谨慎地诉诸道德，减少对商业模式或经营活动的保护，只有在干扰行为造成的损害超过公平市场竞争所可以容忍的限度时，才予以规制，还需要摒弃现时对消费者利益的狭窄保护，真正地重视消费者利益。

（责任编辑　杨雨馨）

正当防卫的正当化根据及展开

崔 建[*]

摘 要：正当防卫的正当性根据通说立足于个人保护原则和法确证原则，将正当防卫的正当化根据类比刑罚预防功能，此传统观点并非不无疑问，个人保护原则难以合理解释正当防卫的正当化根据，法确证原则以及刑罚预防功能之类比存在法治国视角下侵犯公民权利之嫌，并对其历史渊源有误读之处，受功利主义哲学视角观影响颇深。对于正当防卫正当化根据应该重新解读贝尔纳的黑格尔学派和康德哲学下的权利观，立足于宪法视角下的权利概念与"无知之幕"理论，统一司法实践中对于正当防卫问题认定理论不一之怪相。

关键词：正当防卫 个人保护 法确证原则 功利主义哲学视角 无知之幕

  正当防卫作为我国刑法理论中符合犯罪构成要件但是阻却违法的一种紧急权行使行为，历来都是刑法理论争论比较激烈也是受司法实践以及人民大众广泛关注的重点和热点问题。尽管正当防卫问题在我国刑法理论中的法教义学研究较为广泛和充分，但是对于司法实践中出现的正当防卫问题却仍然争论不休，尤其是对于正当防卫中的防卫限度的判断、对于无责任能力者能否进行正当防卫、家庭暴力案件中正当防卫、防卫挑拨等问题尤为激烈，由于解释者所持学术观点及立场根据不同，很多刑法教义学的知识和理论却得出不同结论。同时，尽管通说为大部分学者所赞同，但是结论却与其理论立场截然相反。

  笔者认为，我国司法实践与刑法理论对于正当防卫相关问题处理之不同见解，皆与正当防卫的正当化根据有关，由此对于正当防卫的正当化根据的刑法

---

[*] 崔建，湖南大学法学院博士研究生。

教义学进行"正本清源",避免司法实践中对于正当防卫问题得出的结论大相径庭,减少司法实践中的"同案不同判"的问题极为重要,否则极易造成法的不确定性。同时,司法人员就会根据其判决结果随意选择理论支撑,那么理论就沦为结果的附庸,其自身独立性也就失去了意义。正如桑本谦教授所说:"当不同的解释方法出现不同的解释结果时,法官以什么标准来决定取舍?如果这个问题悬而未决,各种解释方法的选择和适用就是随机性的,疑难案件的判决就仍然充满变数,由法律不确定而引起的整个司法过程杂乱无章的局面也不会有彻底改观。"①

一、个人保护原则与法确证原则之反思

目前学界刑法理论通说对于正当防卫的正当化根据多立足于个人保护原则(也有称为法益保护原则)和法确证原则(也称为法秩序维护原则),此原则也是受到多数我国台湾地区刑法学者以及德国刑法学者的支持。我国台湾地区学者林钰雄教授认为:紧急防卫的不罚(也就是合法化)事由主要是基于以下两种想法而来:一是(个人)保护原则;二是维护法秩序原则。② 德国刑法学者罗克辛教授对于正当防卫的正当化根据提出,现行的紧急防卫权建立在两个原则基础上:个人保护原则和法保护原则。③ 德国刑法学者金德霍伊泽尔教授在其著作中讲到,按照当今的主流学说,紧急防卫权建立于两个原则之上:一是保护法益免受攻击;二是维护法秩序。④ 目前我国大陆地区刑法理论界对于正当防卫持个人保护原则的主要有劳东燕教授、欧阳本祺教授。⑤ 个人保护原则,是指防卫人在面临不法侵害人的不法攻击时可以采取有效的防卫性措施保护自己的合法权益。所谓法确证意味着,防卫人防护自身或他人的同时,也在保卫法秩序的意义上确证了法,此即"法不能向不法让步";由此,防卫人

---

① 桑本谦:《法律解释的困境》,载《法学研究》2004 年第 5 期。
② 林钰雄:《新刑法总则》,中国人民大学出版社 2009 年版,第 184—185 页。
③ [德]克劳斯·罗克辛:《德国刑法学总论(第 2 卷)——犯罪行为的特别表现形式》,王世洲主译与校订,法律出版社 2005 年版,第 424 页。
④ [德]乌尔斯·金德霍伊泽尔:《刑法总论教科书》(第六版),蔡桂生译,北京大学出版社 2015 年版,第 158 页。
⑤ 参见劳东燕:《防卫过当的认定与结果无价值论的不足》,载《中外法学》2015 年第 5 期;欧阳本祺:《正当防卫认定标准的困境与出路》,载《法商研究》2013 年第 5 期。

在国家无法亲自确证法的场合成为法的守护者。① 接下来，笔者将对个人保护原则以及法确证原则分别进行反思并提出其不足之处，以期为正当防卫的正当化根据之重构提供理论基础。

（一）纯粹的个人保护原则基本问题反思

个人保护原则就是在国家对于其权利保护存在疏忽时，允许个人通过自身能力实施防卫行为，进行正当防卫，保护自身合法权益。"在国家不能保护市民的利益时，市民能够通过行使天赋自卫权进行自我保护，任何契约都不可使市民放弃这个天赋自卫权利。"②

首先，不可否认，根据个人保护原理，正当防卫在面临不法侵害时，其有权通过自身有效的防卫措施实施正当防卫行为，但是却无法解释在某些情况下行为人通过逃跑或者退避则更能有效维护自身合法权益的情况，然而我国刑法对于正当防卫的规定却并没有退避义务，此外若要求防卫人通过自身的逃跑或者退避维护自身的合法权益，既不符合正当防卫的立法目的，而且这一要求自身存在的弊端是为"正向不正让步"提供理论根据，而这却与正当防卫"正无需向不正让步"截然相反。此外，无论是正当防卫还是紧急避险，行为人的行为都是为了保护自身合法权利免受侵害，因此，法益保护原则难以为二者之间的区分划清明确界限，难以解释为什么同样是维护自身合法权益之行为的紧急避险需要利益权衡而对于正当防卫问题却不能进行利益权衡。此也是个人保护原则备受争议的原因之所在。其作为正当防卫的正当化根据和本质，笔者认为存在不当之处。

此外，根据个人保护原则，对侵犯公共法益或者公共秩序的以及对侵犯他人合法权益的行为不能进行正当防卫，只有是为了自身法益的发展才能实施正当防卫，但是根据《刑法》第20条规定，为了使国家、公共利益、本人或者他人的人身、财产和其他权利免受正在进行的不法侵害，而采取的制止不法侵害的行为，对不法侵害人造成损害的，属于正当防卫，不负刑事责任。从我国刑法规定可以看出对于为了公共法益以及他人法益是可以进行正当防卫的，而个人保护原则本身并不符合我国刑法规定，其是根据德国刑法规定而得出的结论，德国刑法规定之所以否定可以为了公共法益进行防卫也是立足于避免

---

① Vgl. kugl, Strafrecht Allgemeiner Teil, 6 Aufl, 2008, $7Rn. 8 – 10; Jescheck/Weigend, Lehrbuch desStrafrechts. Allgemeiner Teil, 5Aufl, 1996, S. 336. 劳东燕：《防卫过当的认定与结果无价值论的不足》，载《中外法学》2015年第5期。

② ［英］霍布斯：《利维坦》，黎思复、黎廷弼译，商务印书馆2016年版，第12页。

"人人成为执法者"的局面,其不同于我国在"国家本位和社会团结义务的主导下"①的刑法规定,其无法说明法条中对于为了维护国家、公共利益以及第三人的法益而实施正当防卫行为的规定。

对于我国的刑法教义学研究应当立足于我国的刑法规定,"以尊重本国实定法的效力并予以体系化解释为基本原则的刑法教义学,必须从这一中国特色的立法规定出发,探寻和发展相应的正当防卫正当化根据"②,为此,也有相关学者将个人保护原则定位于法益保护以解决对于国家、公共利益以及他人合法权益正当防卫的问题,但是法益保护原则一方面也是无法处理在退避时可以更为有效地维护自身合法权益之时不退之义务,另一方面"也无法说明为什么当贼人不能像在原始社会那样完全用拳头说话,而受到防卫必要性的制约"③。也即如果立足于个人保护或者法益保护原则难以解释为何正当防卫还要受到防卫限度之要求,完全可以为实现个人保护或者法益保护而行使超越防卫限度的要求的行为。

(二) 纯粹法确证原则的基本问题反思

对于法确证原则,学界有观点认为最大的问题就是其自身对于法确证欠缺理论基础。从历史的角度,法确证原则的起源与刑法理论界存在重大偏离。对于法确证原则(又称为法秩序维护说),理论界通常认为其源于黑格尔的哲学思想,将其作为法确证原则的渊源所在。其实黑格尔并未涉及过正当防卫问题,其只是提出刑罚是对于不法侵害人侵犯他人合法权利行为的"否定",通过对他人否定他人合法权利的"否定之否定"实现对于权利的确证。黑格尔的这种见解被绝大部分后世学者理解为了对正当防卫的超个人主义式的论证,即通过维护法秩序的有效性来肯定正当防卫的合法性。④

将黑格尔关于权利的论证套用在作为正当防卫法确证原则的基础之上难免存在强制套用之嫌。但是,不可否认的是黑格尔关于权利的论证可以用来诠释正当防卫关于个人保护原则基础的论证,其指出行为人对于他人侵犯自身合法权利行为的"否定之否定"实现自身的权利维护。所以对于黑格尔关于权利的哲学思想与康德哲学(康德强调个人的自由与权利受到绝对的保护,于是

---

① 梁根林:《防卫过当不法判断的立场、标准与逻辑》,载《法学》2019年第2期。
② 梁根林:《防卫过当不法判断的立场、标准与逻辑》,载《法学》2019年第2期。
③ 赵雪爽:《对无责任能力者进行正当防卫——兼论刑法的紧急权体系》,载《中外法学》2018年第6期。
④ Vgl. Haas, *Notwehr und Nothilfe*, 1978, S. 109 ff. 转引自王钢:《法秩序维护说之思辨》,载《比较法研究》2018年第6期。

他认为紧急避险并不阻却违法,只是可以阻却责任,但认可严厉的正当防卫,就是因为紧急避险无涉权利,而正当防卫涉及到权利保护。)一样都是从维护公民合法权利视角出发的个人主义诠释路径,难以解释正当防卫的法确证原则。

在黑格尔提出的刑罚论的基础上,后期的黑格尔学派对于其理论进行了延伸,将其扩展到正当防卫,例如,德国刑法学家贝尔纳提出的"法不能向不法让步"的思想,在正当防卫中针对不法侵害的行为,其不能退避,否则就是一种"法对于不法的让步",从另一种角度来说就是一种不法。"若权利需要向不法让步,这本身就是不法;那么在不能获得国家保护的场合,权利就会因欠缺有力的自我保护权而必须向不法让步。"① 贝尔纳的"法不能向不法让步"的思想也被作为正当防卫的法确证原则的理论基础广为引用。

但是,从贝尔纳的著述中我们可以得出其关于正当防卫的正当性基础是基于个人权利而非超个人法益,无论是关于允许为第三人防卫的规定,即"权利不能向不法让步,这就明显可以得出,人们不仅享有为自己进行防卫的权利,也享有为权利受到侵犯的其他陌生人进行防卫的权利"②。还是关于防卫人对于不法侵害人不负退避义务的规定"严格依照权利,我根本不需要从不法侵害人面前逃离"③。这些有关正当防卫涉及理论问题的解释,贝尔纳都是从权利角度做出的论证,并未提出关于法确证原则的规定,这里的"权利指的是具体的、被侵害的权利,而不是抽象的法秩序整体"④。

可以看出,刑法学界将正当防卫的法确证原则立足于贝尔纳的"法不能向不法让步"的哲学思想是对于其理论的误读,对于其名言中的"法"与"不法"其实是对于"权利"与"非权利"的另一种说法,而这也是符合德文语义的。笔者还认为,"法不能向不法让步"这一格言用于正当防卫也存在不合理之处,因为,防卫行为是否合法在正当防卫当时难以确定,只能由法官于事后进行判断,无法排除其防卫行为不符合正当防卫的相关规定,或者是在防卫意图,或者是在防卫限度方面,所以将"法不能向不法让步"适用正当

---

① Vgl. Berner, Die Notwehrtheorie, Archiv des criminalrechts, 1848, S. 557 ff. 转引自王钢:《法秩序维护说之思辨》,载《比较法研究》2018 年第 6 期。

② Vgl. Berner, Die Notwehrtheorie, Archiv des criminalrechts, 1848, S. 562. 转引自王钢:《法秩序维护说之思辨》,载《比较法研究》2018 年第 6 期。

③ Vgl. Berner, Die Notwehrtheorie, Archiv des criminalrechts, 1848, S. 578. 转引自王钢:《法秩序维护说之思辨》,载《比较法研究》2018 年第 6 期。

④ 转引自赵雪爽:《对无责任能力者进行正当防卫——兼论刑法的紧急权体系》,载《中外法学》2018 年第 6 期。

防卫难以进行理论延伸。

　　当然对于法确证原则的批判除了其理论基础偏离之外,其本身内容不确定以及"万能理论"和"循环论证"的缺陷也值得反思。刑法理论界对于正当防卫中防卫行为可以超过必要限度造成重大损害的,减轻对于法益衡量的限制,是因为法确证利益加上被侵害者的利益大于侵害者的利益行为,不可否认也是从法确证原则进行考量的,但其间也存在重大理论问题。

　　首先,如果说法确证利益加被侵害者利益大于侵害者利益,那么第一个问题就是由于法确证这一原则"具有浓厚的规范判断属性,其价值却无法在利益衡量中予以具体化。法秩序究竟价值几何"①?对于二者相加到底在多大程度大于侵害者的利益问题,即其本身在多大程度上成为正当防卫的保护法益这一问题持法确证原则观点的学者并没有对其做出详细论证。如果坚持这样一种观点,那么无论如何,法确证利益加被侵害者利益总是大于侵害者的利益,在这种情况下也就不存在防卫过当的问题,那么关于正当防卫限度问题的法律规定也就成为多余。

　　其次,法确证原理的内容过于宽泛,人们可以赋予它各种含义,因而成为可以从自己的主观评价导出任何理论的万能原理。②比如,前述对于正当防卫行为无需进行利益权衡,一方面,无需考虑比例原则的观点就是从法确证原则出发;另一方面,同时对于防卫限度的规定也是因为法确证原则的必要性不必过高,对于侵害人实施侵害行为并未导致法确证的利益完全丧失,并因此对于正当防卫行为施加相当程度的限制。法确证原理,一方面使得人们有权针对不法侵害实施特别激烈和完全不成比例的反击行为,另一方面又要求防卫人保持一定程度的克制,③成为解释正当防卫所有问题的"万金油"。

　　最后,对于法确证原则质疑还存在于宪法层面。其一,对法确证原则相类似的论述还有"法维护""捍卫法秩序""捍卫法规范"等。其一,一旦考虑到维护法秩序、法规范就不可避免论及有关"比例原则"介入,但是正当防卫行为却是受比例原则约束最小,对此有关学者提出意见,认为正当防卫行为是公民之间行使权利并不涉及公共秩序,回到前文,关于正当防卫维护法秩序以及法确证原则表明,对于正当防卫并非单纯涉及个人之间,不得不考虑比例原则,因此一方面考虑不比例原则,另一方面却又要重新考虑比例原则,难免

---

① 王钢:《正当防卫的正当性依据及其限度》,载《中外法学》2018 年第 6 期。
② 张明楷:《正当防卫的原理及其运用——对二元论的批判性考察》,载《环球法律评论》2018 年第 2 期。
③ [德]约翰内斯·卡斯帕:《德国正当防卫权的"法维护"原则》,陈璇译,载《人民检察》2016 第 10 期。

存在自相矛盾之嫌。

其二，将法秩序维护作为正当防卫的基础是立足于绝对的国家观之下，"当我们把国家理解成某种世俗的代表，或将其理解成自身目的时，就可以认为，对国家所制定的法加以保卫的行为，具有一种独立于社会和个人利益以外的特殊价值"①。不可否认，如果我们将维护国家法秩序作为个人的最高追求和义务目的，那么就不可避免地存在以维护国家法益之名行侵害他人权利之实，此严重违背当今国家的宪法观念，而且维护国家法秩序不可避免成为公民的一种义务，与公民正当防卫作为一种行使权利的行为不符。

其三，关于正当防卫行为捍卫法规范的理论立场认为，通过实施正当防卫行为在捍卫自身合法权益的同时，也有效地确认了规范的效力，即正当防卫是对于法规范效力合法维持的合法行为，将正当防卫行为理解为维持法规范的理论是对于规范有效性的误解。所谓"有效的规范"，是指特定的规范符合更高位阶之规范所确立的标准，而与其事实上是否获得国民的认同和遵守没有关联。②也就是说即便行为人实施犯罪行为，并没有受到法律的制裁，或者防卫人并未对其实施反击的防卫行为并不影响这一法律规范的效力，其自身效力问题应从其自身内部出发或者与其他规范的关系来进行判断得出结论。在法哲学意义上，"规范有效性"其实源自特定的法规范在规范体系中与其他规范的逻辑关系。③

（三）二元论正当化根据适用之反思

对于个人保护原则和法秩序维护原则此二元论整体，于正当防卫的正当化根据的适用中也是存在较大弊端，适用过程中对于二者之间的内在关联把握不严谨成为其最大的问题。

首先，一方面，很多二元论的支持者认为个人保护原则以及法确证原则二者于正当防卫之中处于并合关系，二者共同发挥作用，对于正当防卫必须同时满足此两个原则。另一方面，又不得不承认对于此两种原则由于观察视角和理论立场的不同，导致二者又存在紧张关系。与其说二者之间属于并和关系倒不如说二者之间的对立更为明显。

其次，很多支持二元论的学者，尽管立足于个人保护原则以及法秩序维护

---

① Vgl. Frister, Die Notwehr im System der Notrechte, GA1988, S. 295. 转引自陈璇：《侵害人视角下的正当防卫论》，载《法学研究》2015 年第 3 期。
② 王旭：《法的规则有效性理论研究》，载《比较法研究》2007 年第 3 期。
③ 王钢：《法秩序维护说之思辨》，载《比较法研究》2018 年第 6 期。

原则，但是于个案论证中却与其理论立场明显不同，有的只是立足于个人保护，有的则只是立足于法秩序维护原则，至于采取哪一个单一原则只是依据其自身实践需求，如当行为人可以通过退避来维护自身合法权益，实现个人保护原则之时，则通过法确证原则支持其正当防卫论证之结论；或者在与无责任能力行为人实施的不法侵害行为之防卫之下，一方面通过法秩序维护原则不存在否定正当防卫之成立，另一方面确又肯定在无法回避之时允许其反击防卫行为，在此明显自相矛盾。笔者认为，对支持二元论的立场，一旦法确证原则被否定，那么，正当防卫之成立就应该被否定，在无法回避之时又通过单一立场肯定正当防卫成立显然是自己否定了自己的二元立场。

最后，在二元论支持者那里，存在的一个很大的问题就是法秩序维护原则处于附庸地位，难以存在与个人保护原则同等重要的地位，认为"对个人权益的保护才是"正当防卫制度的基石"，防卫行为对法秩序的维护必须通过对个人权益的保护得以体现。法秩序维护原则的提出也是为了论证某些情况下防卫行为维护的利益可以小于其损害的利益以及某些情况下无需退避，自己对于无责任能力行为人等不法行为的防卫不能过于严厉而提出的，可是既然正当防卫的正当化根据是立足于二元论，但是为什么在却仅在此刻发挥作用，在其他方面未能有效发挥作用，此点值得商榷。

综上而言，无论是纯粹的个人保护原则，还是纯粹的法确证原则本身都存在值得反思之处，同时对于整体二元论尽管得到德国刑法理论的支持，但其自身确实也存在难以解释的弊病，另外，二元论学者广泛存在的问题就是其理论立场与其自身分析案件的立场存在明显出入，难免存在理论沦为结论的附庸之处，此点值得深刻反思。①

二、正当防卫的正当化根据与刑罚的预防功能

对于正当防卫的正当性根据，学界不少观点将正当防卫的正当化根据立足于其预防功能，即行为人通过防卫行为反击不法侵害人可以对不法侵害人实现特殊预防，对于其他的潜在的犯罪人实现一般预防，使行为人意识到其若实施不法侵害他人的行为，防卫人可以有效实施反击行为使行为人畏于此而不敢实施不法侵害。支持防卫人通过实施正当防卫行为实现预防功能的学者在德国占据了通说地位，如罗克辛教授在其著作中写道，"在人们谈论'法保护'或者

---

① 详见周详：《防卫必要限度：学说之争与逻辑辨证》，载《中外法学》2018 年第 6 期。

'法主张'作为紧急防卫权的指导思想时,指的就是一般预防的意图"①。"法秩序维护说认为正当防卫不仅能够制止当前的不法侵害,还能吓阻潜在的不法侵害人、增强国民对法秩序的信赖,其正是通过这些消极预防和积极预防的效果维护了法秩序的经验有效性。"② 相关的预防理论不仅在德国,同时在日本也不乏其支持者,我国国内对于通过正当防卫实现特殊预防功能的理论观点也占据了主导地位,"这对潜在犯罪人和不法侵害者都是一种有效的震慑,使其不敢轻举妄动,从而有效地遏制其犯罪欲念,达到预防和减少犯罪的目的"③。但是正当防卫能否真正实现有效的预防功能还值得商榷。

(一) 正当防卫的特殊预防功能与责任原则

首先,正当防卫对于犯罪人的特殊预防功能与责任原则相违背。目前我国正在建设法治国家,责任原则在防止权利滥用、避免公权力过于侵犯私人领域起着至关重要的作用,因此,对于犯罪的特殊预防功能也离不开围绕责任原则展开,对于行为人的特殊预防功能的实现也必须控制在其责任范围之内。但是,通说观点认为,对于正当防卫行为不必严格遵循比例原则和法益衡量,应立足于有效制止不法侵害,所以通过正当防卫行为很有可能是超过侵害人不法侵害行为的责任限度,因此对侵害行为实施正当防卫难以与"预防功能受到责任原则限制"这一规定相符。

其次,对于我国刑法关于特殊防卫的规定,即第 20 条第 3 款,行为人可以通过导致不法侵害人重伤或者死亡的方式实施防卫行为,但是我国刑法对于这些严重危害人身安全的暴力犯罪却很少判处行为人死刑,而行为人却可以通过正当防卫行为致死,说明刑法规定正当防卫并非要实现特殊预防,而是行为人实施正当防卫的附随效果。正当防卫是否具有预防违法犯罪的本质,这和正当防卫能否附带地起到一些预防违法犯罪的效果,是两码事,其完全不可与正当防卫的本质同日而语。④ 而且,致侵害人伤残是得到法律容许的一种防卫手段,但纵观我国法律体系,却找不到任何以破坏人的身体完整性和机能为方法来实现预防的措施。⑤

---

① [德] 克劳斯·罗克辛:《德国刑法学总论》,王世洲译,法律出版社 2005 年版,第 425 页。
② Vgl. Bertel, Notwehr gegen verschuldete Angriffe, ZStW 84(1972), S. 10. 转引自王钢:《法秩序维护说之思辨》,载《比较法研究》2018 年第 6 期。
③ 高铭暄、马克昌主编:《刑法学》,北京大学出版社、高等教育出版 2017 年版,第 130 页。
④ 陈璇:《侵害人视角下的正当防卫论》,载《法学研究》2015 年第 3 期。
⑤ 陈璇:《正当防卫与比例原则——刑法条文合宪性解释的尝试》,载《环球法律评论》2016 年第 6 期。

最后，如果说防卫人通过其对不法侵害人实施正当防卫行为实现了特殊预防的效果，而且防卫人通过反击行为有效制止不法侵害时，对侵害人在事后还是要以犯罪未遂追究刑事责任，难免存在双重评价以及双重防卫问题，这里从侧面也说明了对于犯罪行为即使不通过实施防卫行为而是在事后追究刑事责任，也是可以有效起到特殊预防效果的。而且目前随着社会形势日渐复杂，关于犯罪的原因越来越复杂，犯罪预防的工作愈来愈专业化，对于行为人特殊预防的实现要综合考虑多方面因素，普通公民通过正当防卫很难有效实施对于犯罪人的特殊预防功能，只能有赖于专业技术人员，通过专业技术人员的综合分析，以科学和理性方式更能有效实现特殊预防。

（二）一般预防功能难以符合正当防卫的理论基础

当然，对于正当防卫实现一般预防的理论也并非不无疑问，有学者认为，积极一般预防通常是在构成要件阶层的行为规范层面而言的，对于正当防卫来说，防卫行为是否合法在行为时的界限并不清晰，因此能否真正达成一般预防的效果是存在疑问的。[①] 有学者对于正当防卫委以普通公民一般预防的义务缺乏必要性，在现代社会中，预防违法犯罪是一项专业性、技术性极强的系统工程，它早已不是"杀一儆百"之类的朴素用语所能概括。[②] 当然对于正当防卫的一般预防功能德国有学者做过实证研究，就是对于正当防卫比例原则的要求，大部分民众并不知情，甚至很多民众认为对于正当防卫行为，防卫人要遵循比例原则的限制，有的甚至提出退避的要求，由此可以得出，大部分民众对于正当防卫可以立足于有效维护自身合法权益这一概念缺乏必要了解，而不考虑比例原则正是正当防卫行为实现一般预防理论的核心并通过此核心思想有效震慑不法侵害行为，但是大部分民众对此一无所知，所以不少学者对于正当防卫的一般预防功能持反对意见，认为其属于刑法学者的主观臆测，那么其鼓励防卫人实施奋起反抗，反击不法侵害，对行为人的吓阻效果不认可也不无疑问。

此外，承认正当防卫的预防功能，也难免将不法侵害行为人贬低为实现社会利益的工具，有损其人性尊严。[③] 最后，承认一般预防理论会对正当防卫行为的基础理论形成冲击，其难以解释为什么对于不法侵害的预备行为不能实施

---

① 王俊：《反抗家庭暴力中的紧急权认定》，载《清华法学》2018 年第 3 期。
② 陈璇：《正当防卫与比例原则——刑法条文合宪性解释的尝试》，载《环球法律评论》2016 年第 6 期。
③ Vgl. Renzikowski, Notstand und Notwehr, 1994, S. 93 f. 转引自王钢：《法秩序维护说之思辨》，载《比较法研究》2018 年第 6 期。

正当防卫。因为通过对不法侵害的预备行为进行正当防卫,也是可以有效实现刑法的一般预防甚至是特殊预防功能的,而且不法侵害结束之后,对不法侵害人实施反击行为也是可以实现一般预防和特殊预防的效果的,让其了解到只要其实施不法侵害行为就会有受到反击的风险,即使行为未开始或者已经结束。然而这显然是不符合正当防卫理论基础的。

三、优越利益原则、侵害人法益降低原则与功利主义哲学

(一)优越利益原则、侵害人法益降低原则难以克服之弊病

目前学界对于正当防卫的正当化根据立足于优越利益原则和侵害者法益降低原则(法益值得保护性下降)的立场支持者颇多,其实二者有异曲同工之处,本质区别并不明显。所谓优越利益原则是指,立足于正当防卫行为,针对的是不法侵害人的不法侵害,这种侵害是不正当的,防卫人通过自己的防卫行为有效制止对方不法侵害,这种行为是一种正当的维护自身合法权利的行为,从本质上看,不法侵害者所要获得的利益是不正当的,而正当防卫所要保护的利益是正当的,与不正当利益相比,正当利益当然具有本质的优越性。① 而侵害者法益降低原则,是指受害人为侵害他人法益而单方违背了自己对他人承担的义务,那么与此相对应,在为保护该法益所必要的范围内,防卫人对受害人负有不得侵害的义务原则上也归于消灭。②

其实无论是优越利益原则还是侵害者法益降低原则,都是通过利益衡量来确定正当防卫的正当化根据,也即通过二者的比较得出防卫人所要保护的利益更大,不同于之前的法益衡量之处在于此处对于法益衡量的对象是立足于防卫人和不法侵害人二者权利自身,而前者则是立足于对于个人所要保护的法益和维护法秩序的法确证原则相加大于侵害者所要侵害的法益,然笔者对于法确证原则本身存在的问题前文已做论述,并不同意这种法益衡量标准,那么此处立足于防卫人自身的权利大小进行法益衡量是否存在合理之处,笔者认为也是值得商榷的。

首先,无论是优越利益原则还是侵害者法益降低原则,其都存在幅度量化以及临界值模糊不清的问题,优越利益原则在多大程度上优越于不法侵害者,

---

① 张明楷:《正当防卫的原理及其运用——对二元论的批判性考察》,载《环球法律评论》2018年第2期。

② 陈璇:《侵害人视角下的正当防卫论》,载《法学研究》2015年第3期。

对此理论的支持者并没有提出一个准确的标准,即防卫法益在多大程度上优越于不法侵害,并由此导出的防卫限度问题不明朗。同样的问题也存在于侵害者法益降低中,即侵害者法益降低到何种程度进而界定正当防卫的限度问题也值得讨论。"不法侵害人的法益为什么要受到缩小评价,依据什么被缩小评价,优越利益原理本身无法给出自洽的解释,而必须以"法不能向不法让步"的原理作为前提。"[1] 优越法益说无法说明为什么侵害者法益受保护程度恰好降低到被侵害者防卫所必要的限度上。[2] 况且,在此处,"法不能向不法让步"中也并不能直接推导出侵害者法益降低和缩小评价的结论。同时,法益是一种客观存在,仅从法益价值比较的角度,还无法说明为什么可以对侵害者的法益进行缩小评价。[3]

其次,从优越利益原则和侵害者法益降低原则出发,二者是源于法益衡量理论,对于法益衡量理论笔者并不赞成,在正当防卫中适用法益衡量理论并不符合1997年刑法对于1979年刑法"防卫过当"条款的修订,1997年刑法之后对于防卫过当条款明显摆脱了1979年刑法关于法益衡量的规定,将"超过必要限度造成不应有的损害"修改为"明显超过必要限度造成重大损害",从法条规定可以看出立法对于法益衡量原则并无过分要求,对于正当防卫相关规定的解释也不能脱离立法,否则所有的解释将会成为无本之木、无源之水。

(二) 功利主义哲学与正当防卫的正当化根据

上文笔者提到的优越利益原则和侵害人法益降低原则深受法益衡量原则的影响,谈到法益衡量就难以绕过功利主义哲学对它的影响,我国刑法中对于正当防卫的规定以及刑法学界对其理论理解应该算是受功利主义哲学的影响最大。无论是前述作者反对的个人法益加法确证原则大于不法侵害,还是优越利益原则或者侵害人法益保护降低原则都是源于功利主义哲学的影响,因此对于功利主义哲学反思批判,正本清源,从根部解决正当防卫的正当化根据这一问题至关重要。功利主义的紧急权体系认为,违法的实质是法益侵害,故违法阻却事由的根据只能是对法益侵害的否定。[4] 而站在功利主义视角解读正当防卫问题就容易陷入法益衡量的漩涡,对于正当防卫行为的认定也是对于不同法益

---

[1] 劳东燕:《防卫过当的认定与结果无价值论的不足》,载《中外法学》2015年第5期。
[2] 赵雪爽:《对无责任能力者进行正当防卫——兼论刑法的紧急权体系》,载《中外法学》2018年第6期。
[3] 劳东燕:《法益衡量原理的教义学检讨》,载《中外法学》2016年第2期。
[4] 赵雪爽:《对无责任能力者进行正当防卫——兼论刑法的紧急权体系》,载《中外法学》2018年第6期。

之间的衡量，然而这些利益权衡却存在很多问题，忽视了其背后所涵盖的宪法权利等问题。

首先，在功利主义哲学下，对于防卫行为的判断将法确证利益、侵害人由于其自我答责、自陷风险、违背相关宪法权利义务规定而导致的其法益保护力度降低这些并不存在一个明显的价值判断标准，其将有规范属性的理念融入法益衡量之中，导致无法具体量化，只是宏观判断，"导致对社会成员个人利益的抽象化，消解不同个体间的权利界限，难以与现代法秩序保障公民个人基本权利、尊重公民自主决定权的主旨相协调"①，在此角度，功利主义哲学下的正当防卫显然难以令人信服。

其次，功利主义视角下的正当防卫理论不符合当今社会多元价值观的要求。随着现代社会的不断发展，自由、人格、尊严等法益的价值越来越得到重视，其在很多人心中可能并不比生命法益的价值小，所以在它们之间进行抽象的、绝对的比较可能欠妥。②而且，法益衡量理论忽视了侵害人和防卫人之间在法益价值大小上的质的不同，单纯以重伤、死亡后果必然大于防卫人无辜者的价值（如自由、权利等方面的价值）并不妥当。

最后，功利主义哲学下的正当防卫理论，在微观上于正当防卫内部其也存在很多难以解释之处，有待处理。第一，对于公法益的防卫问题，众所周知，对损害于公法益的行为不可以实施正当防卫行为，然而，无论是依据受法益衡量理论影响的优越利益原理还是侵害人受保护性降低的原理，对于公法益侵害行为都难以解释为何不能实施正当防卫行为，其理由一目了然。第二，对于行为人可以通过退避等行为保护自身合法权益之时，法律并无要求行为人可以通过退避来保护法益，如果依据法益衡量之相关理论退避之行为可以实现更为优越之利益，即在实现保护相关法益之时，又不损及其他法益，岂不更好。但是这却不符合正当防卫立法目的和规范本质。第三，通过我国刑法法条和相关刑法理论规定，对于正当防卫行为要求具有防卫意思，或者至少应该具有防卫认识。③ 如果根据法益衡量理论，只需要行为人所保护的法益大于其损害的法益即可无需考虑防卫认识问题，然这既不符合我国《刑法》第20条第1款之规定，同时也与正当防卫的立法目的和立法文意冲突。第四，如果根据优越利益

---

① 王钢：《紧急避险中无辜第三人的容忍义务及其限度——兼论紧急避险的正当化根据》，载《中外法学》2011年第3期。

② 罗世龙：《正当防卫限度的合理认定：行为必要说之提倡》，载《刑事法评论》2017年第2期。

③ 陈璇：《论防卫过当与犯罪故意的兼容——兼从比较法的角度重构正当防卫的主观要件》，载《法学》2011年第1期。

原理,无论是对于儿童、精神病人以及家庭成员、非家庭成员等之间的正当防卫并无区别,只要实现法益衡量的合理性,防卫行为的要求则并无不同,但是此明显不合理。比如,对于家庭成员和非家庭成员即便根据普通的道德观念也不应得出对于其正当防卫要求并无不同的结论。除此之外,通过对于我国1997年刑法和1979年刑法的立法对比可以看出,立法者将正当防卫的防卫限度标准的调整提及特殊防卫权的规定并非源于法益衡量,而是立足于有效制止不法侵害。因为法益衡量理论违背了立法文意以及立法目的。

综上,笔者认为,无论从宏观还是微观上,对于功利主义哲学视角下的正当防卫行为的法益衡量理论弊端重重,将其作为正当防卫的正当化根据实在难以苟同。

四、宪法权利视角下的"无知之幕"理论与正当防卫的正当化根据之重构

(一) 正当防卫的正当化根据与宪法权利视角下的"无知之幕"理论

正当防卫是我国法律在国家不能及时有效地保护公民合法权益行为之时,赋予其通过防卫行为捍卫自身合法权益的一种违法阻却事由,即正当防卫是公民的一项合法权利,所以对于正当防卫的正当化根据问题就要回到权利本身。当然,学界对于正当防卫立足于权利的角度也在理论上存在强有力的论证,"正当防卫的情形下,首要的不是被侵害者所面临的法益损失,而是可归责于侵害者这个人格的、对他和被侵害者之间的权利关系的干扰"[1]。此外,一旦涉及权利问题就要回到宪法规定,结合宪法关于权利的规定进行相关论证。将正当防卫问题回归宪法权利问题早有学者对其有所论述,"有关正当防卫的规定和理论,在相当程度上也是直接展现一国政治哲学和宪法立场的窗口。由此,一旦脱离了政治哲学和宪法理论的滋养,正当防卫教义学的活力必然会迅速衰退,其发展陷于停滞和徘徊也就在所难免"。"正当防卫的教义学也需要借助宪法学获得知识上的补给和视野上的拓宽,同时合宪性解释方法亟待俯身接入刑法学具体问题的地气。"[2]

在文章开头,笔者从法确证原则的发展历史角度说明了黑格尔学派的观点

---

[1] Pawlik (Fn. 44), 271f. 转引自赵雪爽:《对无责任能力者进行正当防卫——兼论刑法的紧急权体系》,载《中外法学》2018年第6期。

[2] 陈璇:《正当防卫与比例原则——刑法条文合宪性解释的尝试》,载《环球法律评论》2016年第6期。

以及贝尔纳提出的"法不能向不法让步"的思想,进而否定了法确证原则的理论来源,从侧面肯定了其二人都是从维护个人权利角度出发,与权利保护密切相关,不法属于对于权利的侵害,而正当防卫则是对于权利侵害的否定,即通过"否定之否定"进而肯定其权利合法性。"正当防卫意味着,任何权利都可以针对任何不法无条件地进行自我保护。"① 所以笔者认为对于正当防卫的正当化根据及展开应该立足于权利角度,对此康德法哲学和陈兴良教授对于正当防卫的理解也是立足于权利角度,康德认为法秩序的目的与任务在于界分公民的外在自由领域并保障其自由权利,② 康德法哲学从"制止不法的强制行为是正当防卫"和陈兴良教授的观点"本人或者他人的人身和其他权利是原权,当这些权利受到正在进行的不法侵害的时候,就派生了正当防卫权。从这个意义上说,正当防卫也是一种救济权",二者不谋而合。

正当防卫作为一种权利已被广泛认可,所以对于正当防卫的正当性根据离不开权利的形成,当然权利并非自始存在,而是通过社会上理性人同意的结果,有些类似于社会契约,即假设理性人合理协商形成普遍可以接受的权利范围。对此,可以结合罗尔斯的正义论中的"无知之幕"理论。在对社会正义原则进行选择时,应当让参与选择的各方站在无知之幕的背后。③ 因为只有站在原初状态中"无知之幕"背后,理性人对于权力范围才能平等协商进而最大程度地达成共识。

对此,需要对"无知之幕"做相关了解。所谓"无知之幕"是罗尔斯的一种假设:处在无知之幕背后的社会成员,他们虽然具备基本的正义观念,拥有为自己设计理性生活的能力,而且了解关于人类社会的一般事实,也懂得要保护自身的自由权利,但却不知道一切与自己的能力、社会地位和身份相关的具体事实。④ 因此,在"无知之幕"背后协商时任何社会成员不会因为自己的优势地位而去积极地争取对其有利而对其他社会成员不利的权利,每个人都是立足于自身处于社会最糟糕状态下可能会获得的最大的权利,因为只有这样,才能避免在"无知之幕"落下之后其可能出现的糟糕情形下无法维护其自身合法权益的情况,其之所以做出这种选择也是立足于其"自利理性人"的状

---

① Vgl. Berner, Die Notwehrtheorie, Archiv des criminalrechts, 1848, S. 554. 转引自王钢:《法秩序维护说之思辨》,载《比较法研究》2018 年第 6 期。

② 王钢:《正当防卫的正当性依据及其限度》,载《中外法学》2018 年第 6 期。

③ [美]约翰·罗尔斯:《正义论》,何怀宏、何包钢、廖申白译,中国社会科学出版社 2009 年版,第 91 页。

④ 王钢:《对生命的紧急避险新论——生命数量权衡之否定》,载《政治与法律》2016 年第 10 期。

态,实现"最大最小值"的必然选择即为避免最坏的结果只能达成"人人平等享有权利"的共识,而非源于其社会团结思想。对于"无知之幕"理论和社会团结思想最初广泛证成于紧急避险理论之合理性,并有相关学者的论述。①

笔者认为对于"无知之幕"理论也可以用于正当防卫的正当化根据之中,对于他人违背"无知之幕"背后形成的权利规则,自然不负容忍义务实施反击行为,即处于原初状态中的"自利理性人"会将自己置身于最糟糕的社会状态之中,在正当防卫中处于被不法侵害人攻击的防卫人,在此种情形之下,"自利理性人"为了维护自身合法权益,自然会在"无知之幕"背后达成协议即面临不法侵害人的攻击行为,而国家难以实现有效救助之前,其可以为有效维护自身合法权益进行反击。正当防卫便能在原初状态下获得理性人的普遍认同,成为可普遍化的、旨在维护自由权利的正当行为规则,②成为正当防卫的正当化根据。

当然,对于"无知之幕"理论也不乏有批判的观点,认为正义不是躲在"无知之幕"背后的,也不是一成不变的,正义必须由特定的历史文化背景条件决定,才能指导实践。并认为,在"无知之幕"下得出的所谓"正义"观点,实际上是一种超越现实的正义观,是一种完全理想化的状态,不具有指导实践的普遍价值。此外,认为"正义"并不是商讨出来的,而是在一次一次与非正义的斗争中摸索出来的。对于此种批判,笔者认为其对于"无知之幕"理论并不存在准确的理解。尽管正如批判者所言,"无知之幕"理论是一种超越现实的正义观,只是一种思想假设,并不真实存在。

但是,"无知之幕"理论的提出正如社会契约一样,并非真实存在,而是为了证明"(法律)规则必须通过不同主体间的理性协商而决定,其必须体现着主体间的利益协调,唯有所有理性人都能从中获益的规则才能获得广泛认同并因此具有正当性和可接受性"③。尽管"无知之幕"理论超越现实,但是并不意味着其得出的正当性理论于现实生活中失去效力。

首先,从社会成员的自身利益出发,尽管"无知之幕"理论是一种思想假设,但是正是因为处于无知之幕背后的理性人,不知道在无知之幕落下之后

---

① 具体参见陈璇:《正当防卫与比例原则——刑法条文合宪性解释的尝试》,载《环球法律评论》2016 年第 6 期。王钢:《对生命的紧急避险新论——生命数量权衡之否定》,载《政治与法律》2016 年第 10 期;王钢:《法秩序维护说之思辨》,载《比较法研究》2018 年第 6 期。
② 王钢:《正当防卫的正当性依据及其限度》,载《中外法学》2018 年第 6 期。
③ 王钢:《对生命的紧急避险新论——生命数量权衡之否定》,载《政治与法律》2016 年第 10 期。

其自身所处的地位如何，因此绝大部分人基于"最大最小值规则"还是会接受"无知之幕"理论，由此理论得出的法律规则也能为大部分人所接受。

其次，从规范的客观约束力角度，"无知之幕"理论形成的法秩序具有强制性，并非难以指导实践。"不具有强制性却具有实效的法秩序原本就不可能存在。"① "无知之幕"背后的理性人就法秩序的统一达成一致意见之后，当然会想到一旦将"无知之幕"落下之后会有人不遵守其已协商达成的法秩序，因此，理性人为维护法律规则的稳定和实效，必然会制定相应的制裁规范，具体到刑法上就是刑罚。因此，批判者对于"无知之幕"理论的无实践指导价值的定论并没有真正地深入理解"无知之幕"理论。

（二）理论重构之下的"无知之幕"与正当防卫之应用

当然，将"无知之幕"理论运用于正当防卫之中可以有效解决其所存在的疑难以及难以达成共识问题，比如，面对不法侵害行为，行为人并不负有退避义务，同时，防卫行为给不法侵害人造成的何种损害以及损害程度如何并非自利理性人考虑重点，在正当防卫中自利理性人只需要关注如何有效制止不法侵害，捍卫自身合法权益行为，因此在防卫可以通过自身反击行为有效维护自身合法权益时，无需考虑法益衡量是"无知之幕"理论下的当然结果，同时在面对无责任能力人的不法攻击行为，"无知之幕"理论也是可以得出妥当结论，即自利理性人在"无知之幕"背后假设的自己最糟糕的状态也可能是其处于无责任能力下面临对方的反击行为，因此，此处对于无责任能力人实施的正当防卫行为要进行合理的限制也符合自利理性人"最大最小值"规则的立场。

此外，对于家庭暴力案件中，能否实施正当防卫的规定，一方面，自利理性人将自己置身于实施家庭暴力但因反击致死的施虐者，则会认为对于此种行为的正当防卫问题应该有效地得到限制；另一方面，自利理性人也不会排除自己处于家庭暴力案件的受虐者的不利地位，此时并不会否定正当防卫的成立，为了协调二者之间的利益权衡，自利理性人对于家庭暴力案件中的正当防卫问题达成的协商结果是可以实施正当防卫并对其限度提出要求。在防卫挑拨案件中，自利理性人认为对方的防卫挑拨行为属于其自身自陷风险行为，自己无需为其行为买单，因此其认为可以对其行为进行正当防卫。

另外，对于正当防卫中广泛讨论的"微财防卫杀人"等类似案件，行为

---

① 王钢：《对生命的紧急避险新论——生命数量权衡之否定》，载《政治与法律》2016年第10期。

人所要保全的法益和防卫行为损害的法益之间利益衡量过于悬殊的问题，学界有不同观点。德国刑法将其置于防卫需要性角度排除正当防卫的成立，我国有学者对此种情况施加社会伦理限制，笔者认为对于此种案件在"无知之幕"理论之下当然可以有效解决，"无知之幕"背后的理性人虽然支持为了维护自身合法权益行为而实施正当防卫行为，但是其也应该理性地考虑到"人非圣贤，孰能无过"，难以保证自己不会犯小错误，如果因为自身小错误而被对方以正当防卫之名杀害生命，恐怕难以令人接受。众所周知，生命权是其他一切合法权利的基础，"无知之幕"背后的理性人如果同意此种行为的合法性，那么其后续行使权利的行为都将归于零，与其"最大最小值"原则背离，不符合自利理性人的立场。

五、结语

综合全文论述，对于正当防卫的正当化根据，传统理论无论是从个人保护原则、法确证原则出发，还是将正当防卫的正当性根据立足于刑罚的预防功能，抑或侵害人视角下的正当防卫行为，其正当化根据能否解决正当防卫所有问题都值得商榷。同时上述原则也是深受功利主义哲学视角影响，这种忽视个人权利的功利主义立足点不符合法治国家以人为本的基本原则，因此对于正当防卫的认定根据回归权利视角极为重要，黑格尔学派以及康德哲学立足于权利保护的立场对于正当防卫维护个人权利有值得借鉴意义，"无知之幕"理论的提出将权利观点回归自利理性人，可以有效解决正当防卫的正当性根据问题，摆脱功利主义哲学视角观，重构正当防卫理论根基，进而统一司法实践中对于正当防卫问题理论出发不一、结论杂乱无章的状态。

（责任编辑　黄家星）

民法典绿色原则下的
我国政府采购制度构建

杨海静　周浩然*

摘　要：我国政府绿色采购制度的构建需要以绿色原则为指导。绿色原则作为民法典的一大亮点，具体内涵散见于各分编中，其中从合同编视域对绿色原则进行解读可以归纳出性质、客体及内容等要素。当前我国政府绿色采购制度存在缺乏规则体系、绿色理念浮于纸面，政府绿色采购的客体范围狭窄、合同双方尚未形成共同理念等问题。对此应该摆脱绿色原则在政府采购中的"软法"性质，通过制定"实施细则"先行试点，从更新和细化采购目录清单、考量产品对社会资源和生态方面的利用率、完善监管制度等方面着手，建立"原则—规则"的法律规范传导机制，以此来完善和落实政府绿色采购制度。

关键词：绿色原则　政府采购　强行性规范　义务本位　绿色产品

《民法典》第9条明确"民事主体从事民事活动，应当有利于节约资源、保护生态环境"。历经一、二审稿对《民法总则》"绿色原则"的沿袭和三审稿的删除，最终通过的民法典正式确立了绿色原则。这部"社会生活的百科全书"开始着眼人与自然的关系来调整人与人的关系。依据政府采购法的规定，"政府采购合同适用合同法"，因此政府采购法中关于采购合同的法律规范是民法典"合同编"的特别法，其必然受民法典绿色原则的调整。基于对《政府采购法》第9条、《政府采购法实施条例》第6条、《循环经济促进法》第8条以及财政部办公厅、生态环境部办公厅、国家邮政局办公厅印发的《商品包装政府采购需求标准（试行）》和《快递包装政府采购需求标准（试行）》等规范的规定分析可知，当前我国政府绿色采购制度存在缺乏规则体

---
* 杨海静，天津工业大学法学院副教授；周浩然，天津工业大学法学院硕士研究生。

系、绿色理念浮于纸面，政府绿色采购的客体范围狭窄、合同双方尚未形成共同理念等问题。故此，本文从民法典合同编视域对绿色原则的性质、客体及内容进行明确，继而提出完善和落实政府绿色采购制度的针对性建议。

一、绿色原则在民法典合同编中的展开

（一）绿色原则的性质界定

绿色原则是义务性的强行性规范。《民法典》第9条对绿色原则进行了总括性规定，即民事主体从事民事活动，应当有利于节约资源、保护生态环境。绿色原则的确立在一定程度上限制当事人的意思自治，合同编为此迈出了跨越性的一步。《民法典》第509条第3款、第558条、第619条、第625条都是对绿色原则的贯彻：

第509条第3款规定，当事人在履行合同过程中，应当避免浪费资源、污染环境和破坏生态。第558条规定，债权债务终止后，当事人应当遵循诚信等原则，根据交易习惯履行通知、协助、保密、旧物回收等义务。第619条规定，出卖人应当按照约定的包装方式交付标的物。对包装方式没有约定或者约定不明确，依据民法典第510条的规定仍不能确定的，应当按照通用的方式包装；没有通用方式的，应当采取足以保护标的物且有利于节约资源、保护生态环境的包装方式。第625条规定，依照法律、行政法规的规定或者按照当事人的约定，标的物在有效使用年限届满后应予回收的，出卖人负有自行或者委托第三人对标的物予以回收的义务。

综合分析上述条款可知，合同当事人在履行合同过程中要受到绿色原则的规范，履行相应的附随义务；合同当事人有义务使用绿色的方式进行包装，在合同履行完毕后仍要履行旧物回收等后合同义务。上述条款，都从正面角度对合同当事人的行为进行了引导，从条文的表述看，此种原则性的指导实际上明确了合同主体的义务。如果当事人没有履行上述义务，合同相对方就可以要求其承担相应的责任。由此可以看出，绿色原则作为民法的基本原则之一，属于义务性的强行性规范，具有强制性，违反该原则的合同主体具有可谴责性，且在司法和执法层面能够对其进行追责和处理。

（二）绿色原则的客体

所谓客体，就是法律主体的权利和义务指向的对象。虽然绿色原则并没有被规定为"绿色权"，但践行绿色原则必将成为每个主体享有的权利和应承担

的义务。① 依据《民法典》第 9 条的规定，绿色原则的保护客体应该为"资源"和"生态环境"。② 对"资源"和"生态环境"的范围，笔者认为应作广义理解，即资源不仅指水、土地、大气、矿藏等自然资源，还应当包括人力、物力、信息、社会关系等社会资源。对于生态环境的涵义，学界有不同理解。有观点认为，生态环境等同于环境，污染和其他的环境问题都被包括在内。持反对意见的观点，如陈百明教授认为"生态环境应定义为，不包括污染和其他重大问题的、较符合人类理念的环境，或者说是适宜人类生存和发展的物质条件的综合体"③。

笔者认为，对于这一问题，应该用体系解释的方法加以理解。依据《民法典》第 509 条的规定，生态环境不等同于环境，而应理解为生态与环境，且绿色原则中所保护的环境是不包括污染等重大问题的健康环境。除了资源和生态环境，人类的身体健康也应当列入绿色原则的保护客体之中，人与自然虽然相对独立却又应该是和谐统一的，由经济发展引发的恶劣的环境与生态问题频发，人类作为生态系统的重要组成部分深受其害，降低资源短缺与生态环境破坏对人类身体健康的影响，是在物质生活不断丰富的背景下，提升个人生活品质的必然选择，是绿色原则的应有之义。

（三）绿色原则的内容

绿色原则作为一项基本原则，放在合同编的框架之中则转化成具体的合同权利与义务。虽然绿色原则被规定在权利至上的民法典之中，但是由于其涉及人与自然的矛盾，牵扯到公共利益，因此仅就此原则而言，笔者认为应坚持义务本位。首先就义务方面，合同主体必须履行法律规定或者合同当事人自行约定的绿色附随义务、绿色包装义务以及后合同义务。也就是说，绿色义务可以由当事人纳入合同条款之中，约定具体的行为方式及行为后果，在未约定的情况下，当事人仍然要遵循合同编中的规定，且不得通过约定的方式排除绿色义务的履行。④ 如若违反，要承担不利的后果。在权利方面，合同主体有权就相对方不履行上述义务而提出抗辩或者请求其承担相应的责任，以此来保护基于合同而享有的权利以及请求权下所包含的绿色利益。

---

① 参见张震、张义云：《〈民法总则〉中"绿色原则"的宪法依据及其展开》，载《法治现代研究》2019 年第 4 期。

② 参见张震、张义云：《〈民法总则〉中"绿色原则"的宪法依据及其展开》，载《法治现代研究》2019 年第 4 期。

③ 陈百明：《何谓生态环境?》，载《中国环境报》2012 年 10 月 31 日。

④ 参见刘长兴：《〈民法典〉合同编绿色条款解析》，载《法学杂志》2020 年第 10 期。

二、从应然角度看绿色原则在政府采购中的理论建构

以往的观点普遍认为民法中的人都是理性的"经济人",依据《政府采购法》第43条"政府采购合同适用合同法。采购人和供应商之间的权利和义务,应当按照平等、自愿的原则以合同方式约定"规定,政府采购合同适用合同法。因此政府采购中的主体在本质上也属于市民社会中的一般主体,具有逐利性。随着"绿色原则"的问世,理性的"经济人"需要向文明"生态人"的适度修正,至少二者要进行平等的沟通与对话。① 因此,政府采购制度要加强对绿色原则的贯彻和落实。

(一) 政府绿色采购的客体界定

依据《政府采购法》第2条的规定,政府采购的客体为符合条件的货物、工程和服务,而限制到绿色原则的框架内,政府采购的客体应当为有利于节约资源和保护生态环境的货物、工程和服务。有学者将其称为绿色产品或服务,其与同类产品或服务的平均或标准水平相比,对于生态环境和人类健康具有明显小的负面总体影响。② 在此,笔者将政府绿色采购的客体统称为绿色产品。此处的绿色产品应作广义理解,不仅指纯天然、无添加的产品,还包括可回收再利用、对环境影响小或者无公害、在生产、销售、使用等各个环节符合环境标准和生态安全的产品。绿色产品本质上属于资源的范畴,且是生态与环境中的重要组成部分。

(二) 政府绿色采购的内容框架

政府采购合同的主体包括采购人、采购代理机构、供应商,采购人或采购代理机构作为采购方。在义务方面,应将采购绿色产品体现到采购需求中,并制定选择供应商的详细标准,在合同履行过程中,承担定期督查职责,在合同终止后,承担必要的回收义务。这是绿色原则作为一项强行性规范的应有之义。就权利而言,采购方享有依据采购合同而对供应商的请求权,以保障社会的绿色公共利益。因此,其权利带有部分的"权力"属性。供应商作为绿色产品的供给方,在义务履行上,应当严格遵循合同履行过程中的法律规定或合同约定,运用指定或更加环保的运输方式,提供符合采购需求的产品,履行绿

---

① 参见周珂:《我国民法典制定中的环境法律问题》,知识产权出版社2011年版,第65—66页。
② 赵勇:《从美国联邦政府绿色采购制度看美国国家治理》,经济科学出版社2016年版,第18页。

色包装义务和相应的回收等后合同义务；在权利的行使上，供应商则有权要求采购方给予相应的配合，履行合同项下的义务。若双方违反绿色原则，均应承担不利的后果。

鉴于政府采购制度具有特殊性，不同于一般的民事合同，政府绿色采购的范围不仅仅局限于合同的履行上，还应包括合同签订前的事前审查、对政府的事后绩效考核、全过程的内外监督，实现绿色原则在政府采购中贯彻的全过程化。

（三）政府绿色采购的外延

在政府采购领域贯彻绿色原则，出发点在采购人的采购需求上，而具体到原则落实上，需要各项政策及法律法规的强大后台保障。具体而言，在资源层面，不仅包括与节能、节水等节约自然资源相关的政策与法律规范，还包括构建电子信息平台、实行无纸化网络采购等节约信息成本与人力资源等社会资源相关的政策与法律规范。在生态环境层面，则需要以限制排污量等来制定采购需求，把产品认证、对供应商的产能评估等作为选择供应商的标准，以事后回收、人工及时降损、止损等方式保障健康稳定的生态。除此之外，还要完善相应的制度奖惩措施，构建供应商信用体系，规范供应商的行为，健全利益诉求机制，在政府采购中适度收集并听取供应商及社会公众的声音，完善监督制度，以保证义务与责任的整体性。

三、从实然角度看我国现行政府绿色采购制度

（一）绿色原则在我国现行政府采购立法中仍为倡导性规范

政府采购领域关涉绿色采购的条款散见于《政府采购法》第9条、《政府采购法实施条例》第6条、《循环经济促进法》第8条以及财政部等三部门发布的关于印发《商品包装政府采购需求标准（试行）》和《快递包装政府采购需求标准（试行）》等法律规范性文件。

《政府采购法》第9条规定，"政府采购应当有助于实现国家的经济和社会发展政策目标，包括保护环境，扶持不发达地区和少数民族地区，促进中小企业发展等"，以总括性的方式对保护环境进行了规定。《政府采购法实施条例》第6条规定，"国务院财政部门应当根据国家的经济和社会发展政策，会同国务院有关部门制定政府采购政策，通过制定采购需求标准、预留采购份额、价格评审优惠、优先采购等措施，实现节约能源、保护环境、扶持不发达

地区和少数民族地区、促进中小企业发展等目标"，将"节约资源，保护环境"作为政府采购的目标之一。

《循环经济促进法》第 8 条中"县级以上人民政府应当建立发展循环经济的目标责任制，采取规划、财政、投资、政府采购等措施，促进循环经济发展"的规定，明确了通过政府采购等措施来促进循环经济的发展。为落实"放管服"的改革要求，财政部等四部门发布了关于调整优化节能产品、环境标志产品政府采购执行机制的通知。另外，为助力打好污染防控攻坚战，财政部等三部门发布了关于印发《商品包装政府采购需求标准（试行）》和《快递包装政府采购需求标准（试行）》的通知，推广使用绿色包装，绿色意识大大提升。

但实践中，上述规范仅起到"软法"的倡导性作用，缺乏具体的操作规范，没有统一的体系。由于我国地区之间发展不平衡，政策贯彻落实情况有差距也在所难免。故此有学者建议借鉴日本的经验，出台一个专门的"绿色采购法"[1]，明确绿色原则的强制性。但是，笔者认为在我国政府绿色采购制度的发展还不尽完备的情况下，在信息时代技术更迭速度迅速的现实背景下，制定一部新的专门法律需要对相关问题进行深入调查和讨论，需要投入大量的人、财、物，遵循必要且繁杂的程序，立法成本高昂。另外，高位阶的法律具有稳定性的特征，相较于低位阶的规范性文件来说缺乏灵活性。因此，在变与不变存疑之时，为了广大民众对于法律有一个合理且稳定的预期，应当选择不变。

（二）我国政府绿色采购的客体范围狭窄

通过阅读近五年财政部发布的全国政府采购情况，笔者对其作了梳理，如下表所示。结合市场监督总局发布的参与实施政府采购节能产品、环境标志产品认证机构名录的公告可以看出，我国政府绿色采购主要针对节能以及环保类产品，范围相对狭窄。政府采购制度要贯彻的绿色原则不应仅仅局限于此。现实中政府侧重于将自然资源的节约作为主要目标，且对自然资源的保护也局限在节能方面，而缺乏对社会资源的经济性考量。例如，一些服务类项目的采购涉及的人力、信息资源等因素，并没有被纳入政府绿色采购之中。因此可以看出，政府对于生态环境的保护力度较小，突出表现在采购目录清单中缺少相应的绿色产品。

---

[1] 参见杨文明：《政府绿色采购法律制度之国际比较与借鉴》，载《现代经济探讨》2013 年第 11 期。

全国政府采购简要情况①

年份	强制和优先采购节能、节水产品数额（亿元）	在同类产品采购规模的占比	优先采购环保产品数额（亿元）	在同类产品采购规模的占比
2015	1346.3	71.5%	1360	81.5%
2016	1344	76.2%	1360	81.5%
2017	1733	92.1%	1711.3	90.8%
2018	1653.8	90.1%	1647.4	90.2%
2019	633.7	90%	718.7	88%

（三）政府绿色采购合同双方尚未形成共同理念

我国政府采购对绿色原则的落实主要体现在采购主体与供应商的具体行为上，由于在政府采购领域绿色原则多表现为政策和笼统性的规定，实践中签订采购合同的双方对于其权利和义务的履行与应然状态有所偏差。

经济成本一直是政府采购中的首要考虑因素。短期来看，低成本采购的确会节约财政资金，实现表面上的资源合理配置。但从长远来看，相较于经济社会的可持续发展来说，这只是"蝇头小利"，对资源的浪费与生态环境的破坏是不容小觑的。我国的经济发展明显地缺乏韦伯式的"形式理性"②，主要表现为短期行为和急功近利，对于采购目录内的一些产品，政府过多注重所谓的功能和品牌，而忽视了能耗的计算与评估。③尽管随着市场经济的发展，政府和大部分企业也逐渐加强了"形式理性"，开始注重规则，但是仍有部分企业缺乏体系的计划和长远的眼光，一味地降低成本，缩小支出，终端产品质量可想而知。政府作为采购方放松对绿色产品的采购，供应商忽略对绿色产品的制造和加工，由此产生的"合力"，使得预期效果大打折扣，采购主体与供应商之间并不是天平的两个极端，不是零和博弈④的关系，而应该是能让一加一大于二的利益共同体。

---

① 数据来源于财政部网站 http://www.mof.gov.cn/index.htm。
② 参见苏力：《法治及其本土资源》，北京大学出版社 2015 版，第 86—87 页。
③ 参见张亚欧：《绿色经济背景下政府采购研究——评〈绿色采购管理〉》，载《生态经济》2020 年第 9 期。
④ 参见徐敏宁、朱国云、袁志田：《公共政策的和谐型博弈执行模式探究》，载《江海学刊》2014 年第 6 期。

四、我国政府绿色采购制度的完善

(一) 摆脱"软法"性质,开启先行试点模式

如上文所述,笔者不赞同采用专门立法的方式来规范绿色采购。出台专门的法律并不必然是最优选项,美国为减少环境损害,就以行政指令为工具支撑,采取了环保采购产品推广行动、EPEAT产品推广行动及有毒和优先化学品的替代品行动等绿色采购行动,① 取得了极佳成效。

就我国发展现状而言,制定实施办法的方式更能适应国情需要,构建"原则—规则"的传输链条,将绿色原则的要求落到实处。对此可以先制定一个全国性的规定作为基础,借鉴改革开放初期的经验,以试点的方式对相应的规定进行落实,针对地区发展不平衡的现象。可以首先从北上广等一线城市开始,在遵守全国性规定的基础上,各个地区依据具体的发展情况和在实施政府采购过程中得出的经验与教训,制定实施细则,采取"分步走"的战略,在政府绿色采购制度和绿色采购技术发展到一定的成熟阶段后,再制定和出台专门的法律。

从公共政策执行角度看,政策本身的连贯性、合理性和具体性,是影响执行效果的关键因素。② 在规则的广度已经具备的情况下,不应再广泛设权,既浪费成本又容易导致内容的重复。可以将绿色原则披上"权利的外衣"③,在采购合同中明确采购主体享有的"绿色利益"和应承担的"绿色义务"和"绿色责任",以发挥绿色原则在政府采购的强制性效力。

(二) 更新和细化目录清单,考量产品对社会资源和生态方面的利用率

针对我国政府绿色采购客体范围过窄的问题,可借鉴美国推广的水感应器产品行动,④ 明确用水标准,在采购目录中对管道装置、过滤器等节水类产品进行细化。增加对可降解生物基材料产品的采购力度,以减少对石化资源的消

---

① 参见赵勇:《从美国联邦政府绿色采购制度看美国国家治理》,经济科学出版社2016年版,第146页。
② 参见王丛虎:《中国可持续政府采购政策执行问题及对策》,载《北京行政学院学报》2014年第2期。
③ 参见于柏华:《权利认定的利益判准》,载《法学家》2017年第6期。
④ 参见赵勇:《从美国联邦政府绿色采购制度看美国国家治理》,经济科学出版社2016年版,第140—141页。

耗，逐步解决白色污染问题。基于《消耗臭氧层物质管理条例》第 8 条"国家鼓励、支持消耗臭氧层物质替代品和替代技术的科学研究、技术开发和推广应用"的规定，国家鼓励消耗臭氧层物质替代品的研发，对灭火器、空调、冷库等产品中含有的替代品种类和名称加以明确并列入优先采购清单。除了绿色产品，绿色的环保技术也可以纳入采购清单，以激励企业进行技术创新。

采购人应将人力等社会资源的利用率纳入绿色采购的考量范围，由此打破传统的政府采购模式与思维。有条件的区域要搭乘互联网急速发展的快车，扩大电子交易平台的覆盖范围，以节省更多的人力资源，节省因信息封闭和不对称而产生的成本。除此之外，还要将公众的身体健康纳入考量因素，虽然有些产品含有有毒的材料，在使用过程中并不会对身体有所危害，但是在产品的制造和处理过程中就会给环境带来损害，对公众的身体造成不利的影响。采购清单不应一成不变，而应该依据现代技术的发展情况，及时对绿色采购清单进行更新，增加先进的绿色产品，剔除落后内容，保证其动态性与先进性。

在采购清单、具体产品的绿色环保标准已经明确的情况下，具体到每一类绿色产品下，增加一个比强制采购和优先采购更"绿色"的标准。虽然现代技术还无法达到这个标准，但是可以作为目标导向引领绿色技术的进一步发展，该标准可向国际规定靠拢，以对接未来加入 GPA 的国际环境，给广大供应商企业一个缓冲和适应的过程。在具体落实过程中，政府完全可以根据具体情况的不同作出相应的变通，摆脱僵硬化的体制。

（三）"监督合力"作用于政府绿色采购全过程

一个制度的贯彻执行离不开强有力的监督。政府绿色采购的内部监督主体涉及多个部门，如财政部门、审计部门、监察部门等。对此，采购主体应在内部信息平台上公布最新信息，各个部门之间也要定期开展交流会议，以弥补部门与部门之间的信息偏差问题，减少不必要的交流成本。此外，政府部门应加大绿色采购的宣传力度，通过开发如"中国环境资源网"等类似的网站或者广播电视等，使得公众能够有机会、有途径关注到最新的动态，拓宽公众参与监督的渠道。通过此种信息披露的方式，可以借用公众对绿色环境的压力来约束政府和企业的行为。比如，可以丰富平台中的监督专区内容，让公众能够不记名地发表自己的意见或者建议，同时这些意见或建议要直接反馈到相应的负责部门，负责部门必须对公众的有效意见予以回复。

相关部门在平台中可以定期发布调查问卷，让公众对政府采购行为用数值打分的形式给出一个客观的评价，也可以通过电话询问的方式获得直接的公众反馈，构建公众的利益诉求机制。供应商企业内部也要加强监督，在确定采购合同的相对方之后，政府部门要和供应商的主管部门多进行业务交流，信息比对。外部监督与内部监督并行并重，形成一个"监督合力"，将有助于加强合同主体之间的共同体意识。通过共同体之间的协商，实现外部性的内部化，从而提高效率，实现利益的最大化和资源配置的帕累托最优。①

监督应该是一个动态的过程，且应贯穿采购全过程，除了法律规定的对供应商在合同履行过程中验收履约情况进行监督外，增加对合同标的生产、运输等方面的监督，进行源头治理，确保绿色产品从原料到终端产品的产出都符合绿色原则的要求。在运输方式的选择上也要进行绿色衡量，选择经济又洁净的运输方式。此外，还需要在政府采购的需求制定、供应商的选择等方面加强监督力度，如在政府明确采购需求之后，增加一个复核程序，以确保将绿色原则纳入采购需求中；在选择供应商时，对相应绿色原则的企业增加比往常更高的分值，以增加其竞争力。依据民法典的规定，在合同终止后，当事人还要履行产品回收义务。若采购人未履行后合同义务，经由供应商反映，则应由财政部门进行惩戒并责令整改，若供应商一方未落实，就可由签订合同的政府或代理机构对其予以警告，若警告后仍然不采取措施，就要进行必要的罚款等，形成事前、事中、事后监督的链条。

五、结语

当前我国政府绿色采购制度存在缺乏规则体系、绿色理念浮于纸面、政府绿色采购的客体范围狭窄、合同双方尚未形成共同理念等问题。民法典中的绿色原则是义务性的强行性规范，其客体包括"资源"和"生态环境"，其中资源不仅包括自然资源，还包括人力、物力、信息、社会关系等社会资源，生态环境理解为生态与环境。绿色原则的贯彻坚持义务本位，绿色义务可以由当事人纳入合同条款之中，约定具体的行为方式及行为后果，在未约定的情况下，当事人仍然要遵循合同编中的规定。对应绿色义务，合同相对方享有基于合同的请求权以及请求权下所包含的绿色利益。换言之，从合同编视域对绿色原则进行解读可以归纳出性质、客体及内容等要素。我国政府绿色采购制度的构建需要以绿色原则为指导，并在绿色原则中展开。对此应该摆脱绿色原则在政府采购中的"软法"性质，通过制定"实施细则"先行试点，从更新和细化采

---

① 参见赵勇：《从美国联邦政府绿色采购制度看美国国家治理》，经济科学出版社2016年版，第86—87页。

购目录清单、考量产品对社会资源和生态方面的利用率、完善监管制度等方面着手，建立"原则—规则"的法律规范传导机制，以此来完善和落实政府绿色采购制度。政府采购的合同双方依法享有绿色权利，履行绿色义务，承担绿色责任。

（责任编辑　张崇胜）

强奸案被害人陈述的真实性保障难题及其破解

张　迪[*]

摘　要：被害人陈述是强奸案件中认定"违反妇女意志"的关键，然被害人庭前笔录存在较高的虚假风险，被害人"出庭难"导致被害人陈述的真实性无法保障。书面审理模式下主审法官的消极态度和心理压力决定强奸案被害人"出庭难"问题难以被直接破解。录音录像制度具备推广适用的现实基础和经验支撑，可保障被害人陈述的真实性，为被害人出庭提供制度供给，是利益驱动机制下的最佳替代选择。应构建询问被害人录音录像制度，发挥其诉讼证据和甄别工具功能，以防止冤假错案的发生。具体的办法是：明确询问被害人录音录像的基本要求和特殊要求；规定录音录像移动、保存和使用的具体程序；确立推定机制以促进全程录音录像和全部录音录像随案移送；规定特定情形下被害人拒不出庭的，其庭前陈述不得作为证据使用；完善被害人出庭保障机制。

关键词：被害人陈述　真实性　被害人出庭　询问录音录像　甄别功能

庭审实质化要求废除"案卷中心主义"以实现直接言词原则。[①] 直接言词原则要求被害人出庭进行口头陈述，以保障其陈述的真实性。2018年1月1日生效的《人民法院办理刑事案件第一审普通程序法庭调查规程（试行）》解决了申请被害人出庭无法可依的局面，具有进步意义。[②] 但新规的出台并未解

---

[*] 张迪，南京大学法学院博士研究生。
[①] 参见汪海燕：《论刑事庭审实质化》，载《中国社会科学》2015年第2期。
[②] 《人民法院办理刑事案件第一审普通程序法庭调查规程（试行）》第13条规定："控辩双方对证人证言、被害人陈述有异议，申请证人、被害人出庭，人民法院经审查认为证人证言、被害人陈述对案件定罪量刑有重大影响的，应当通知证人、被害人出庭。"

决被害人出庭难的问题。在司法实践中，宣读被害人庭前笔录仍是替代被害人出庭作证的普遍方式。强奸罪属于传统恶性犯罪，以被害人陈述为中心构建证据体系。作为被害人陈述的载体，强奸案中被害人的庭前笔录存在较高虚假风险，被害人"出庭难"导致被害人陈述的真实性无法得到保障，一旦虚假的被害人庭前笔录被采纳，极易导致冤假错案的发生。面对强奸案被害人陈述的真实性保障问题，应从实践层面出发，提出相应的解决办法。

一、被害人陈述在强奸罪司法认定中的核心作用

从强奸罪的认定规则来看，作为传统的重大恶性犯罪，其司法认定具有一定的特殊性——以违背妇女意志为核心构建司法规则体系。"违反妇女意志"系意志违反性要件，其认定的主要依据是被害人陈述，其他直接证据如监控、性伤害等虽能直接证明"违反妇女意志"的事实，但执法人员能够收集到的犯罪证据往往是仅能证明犯罪事实某一片段的间接证据，能完整证明犯罪主要事实的直接证据颇为稀缺。[①] 特别是强奸罪发生场域普遍具有私密性，除了犯罪分子供述和被害人陈述之外，往往没有其他证据能够直接证明强制性性行为的发生。[②] 因此，被害人陈述的具体内容及其真实性是决定被告人有罪与否的关键。即便在客观证据充实的情形下，被害人先指认犯罪嫌疑人强奸，其后又加以否认，对犯罪嫌疑人定罪依然十分困难。[③] 需要注意的是，我国将"违背妇女意志"作为强奸罪的核心特征导致现实中的强奸罪确实存在追究困难的现象，[④] 但是，在强奸案件特有的司法认定规则下，被告人因被害人虚假陈述而被错误定罪的风险也不容忽视。

从强奸罪的侦查模式来看，强奸案件侦破的典型特点是侦查行为以被害人陈述为突破口并围绕被害人陈述展开——侦查的时序脉络是从言词证据再到客

---

① 参见秦宗文：《以引诱、欺骗方法讯问的合法化问题探讨》，载《江苏行政学院学报》2017年第2期。
② 参见田刚：《强奸罪司法认定面临的问题及其对策》，载《法商研究》2020年第2期。
③ 参见黄秀丽：《公权力作伪证：无人追究，无法追究》，载《南方周末》2011年1月27日。
④ 强奸罪定罪难是国内外司法实践中共同存在的问题。以英国为例，2006年至2007年，强奸类案件的定罪率为6.5%。See Olivia Smith and Tina Skinner, *Observing court responses to victims of rape and sexual assault*, 7Feminist Criminology298, 299（2012）.

观证据。① 权威观点认为我国采用的是"印证证明模式","印证"是指证据包含的信息同一或信息的指向同一,从而实现证据之间的补强。② "印证证明模式"强调证据与证据之间能够相互印证,类似于"先供后证"的侦查模式会导致证据之间自然而然地出现"涌现"效应,形成印证关系。印证关系的形成即意味着被告人将被定罪量刑。例如在"张某强奸案""李某某强奸案"中,侦查人员都是以被害人陈述为突破口,进而搜集客观证据,公诉机关提交给法院的证据之间能够相互"印证",但是,辩护方均对被害人陈述的真实性存有异议,并提出存有怀疑的原因及合理依据。③ 强奸案件独特的侦查模式决定被害人陈述不仅是案件侦破的核心,更是对犯罪嫌疑人定罪的核心。

从强奸罪证明规则的发展趋势来看,被害人陈述的作用愈发关键。就强奸案件证明问题来说,普通法国家或地区走了一条无需补强——要求补强——废除补强之路。④ 以英国为例,原有的补强规则要求对强奸案件的被告人,不能仅仅依据未经补强的被害人陈述来定罪。⑤ 因补强规则暗含了立法者对于女性被害人的不信任,加大了对强奸罪犯罪嫌疑人的定罪难度,可能导致被害人不愿意告发犯罪。最终,上述补强规则于1994年被英国《刑事司法与公共秩序法》所废止。与域外不同,我国所采用的"印证证明模式"仍奉行"孤证不能定案"规则。但是,随着诉讼制度的改革和证据规则的完善,"孤证不能定案"规则有所松动。有学者已经提出,"孤证不能定案"规则应当限缩为:只有孤证确实需要补强的情形下,才适用该规则。⑥ 具体到强奸案件中,可以理解为,当被害人陈述能够充分证明案件事实且证明力较大时,被害人陈述无需加以补强即可用于单独定罪。⑦ 补强规则的发展脉络给我们以启示,强奸案件中的被害人陈述在定罪中的作用将越来越关键。

---

① 例如,在南方报业记者成某涉嫌强奸女实习生一案中,侦查机关在获取被害人口供后,又提取到聊天记录等客观证据,随后成某批准逮捕,但检察机关查明案件事实后,最终作出不予起诉的决定。参见佚名:《南方报业记者成某涉嫌强奸女实习生案进展:检方不予起诉》,载今日头条,https://www.toutiao.com/i6405872521421259266/,2020年12月28日访问。
② 参见龙宗智:《刑事印证证明新探》,载《法学研究》2017年第2期。
③ 在"张某强奸案"中,辩护方提出被害人在案发后有索要补偿的行为。在"李某某强奸案"中,辩护方认为被害人是因为嫖资未能谈拢而诬告被告人。详见江苏省南京市鼓楼区(2020)苏0106刑初第306号刑事判决书、江苏省盐城经济技术开发区人民法院(2019)苏0991刑初第73号刑事判决书。
④ 参见李训虎:《变迁中的英美补强规则》,载《环球法律评论》2017年第5期。
⑤ See Sexual Offence Act 1956, Section 2, 3, 4, 22 and 23.
⑥ 参见纵博:《"孤证不能定案"规则之反思与重塑》,载《环球法律评论》2019年第1期。
⑦ "孤证不能定案"规则的功能限定也是突破强奸罪定罪难的现实有效办法。

二、被害人庭前笔录的真实性问题与被害人"出庭难"困局

由侦查机关获取的被害人庭前笔录存在虚假的风险,被害人难以出庭的现状短期内难以改变,被害人陈述的真实性如何保障成为"难解之题"。

(一)被害人庭前笔录的真实性问题

司法实践中,被害人庭前笔录存在较高的虚假风险,① 究其原因主要有:其一,被害人陈述具有报复性、证明单向性、复杂性等特点。被害人在一般情况下不会做出违背自身利益的陈述。在强奸案中,被害人出于报复、获得赔偿等心理可能会夸大甚至歪曲案件事实。特别是在熟人强奸案件中,寻求钱财私了的情形更多,一旦私了不成,被害人立刻会报警求助。② 而据相关学者统计得知,熟人强奸的比率已经占强奸案件的 47.43%。③ 例如,在"赵某强奸案"中,被害人于某出于不法目的声称被赵某迷奸两次,但一审法院最终查明案件事实真相,判处赵某无罪。④ 其二,书面形式的被害人陈述本身具有不准确性的特点。从口头陈述转换成书面文字需要一段时间间隔,这段间隔会使记录人的记忆出现偏差进而导致书面记录出现不准确的情况。此外,在不同的语境以及语调下,同一语句会产生不同的意义,书面陈述无法完全反映出这些有效的附带信息,这会导致理解上的歧义。⑤ 准确的表达才能体现被害人的真实意思,被害人庭前笔录的不准确性会导致其真实性存在问题。其三,被害人陈述容易被侦查机关进行"概括式"的记录或"选择性"的搜集,被害人庭前笔录的真实性难以有效保障。对于侦查机关来说,打击犯罪是其最高目标,"全面取证"的要求更像是"道德性的口号",迫于维护社会稳定和打击犯罪的压力,侦查人员一旦锁定犯罪嫌疑人,一般都会对其做出有罪判断并进行"选

---

① 例如,在"孙毓航、陈阳强奸案""程某、田某、王某、黄某、田某强奸案""王某强奸案"中,均存在被害人陈述虚假的情形。详见云南省昆明市中级人民法院(2019)云 01 刑终第 1028 号刑事判决书、陕西省咸阳市彬县人民法院(2015)彬刑初字第 00110 号刑事判决书、甘肃省陇南市康县人民法院(2016)甘 1224 刑初第 27 号刑事判决书。

② 参见周光营、胡廷霞等:《非典型性强奸罪司法认定之实践考察与理论转向》,载《法律适用》2020 年第 12 期。

③ 参见倪晓峰:《熟人强奸:犯罪类型与人际关系的实证研究》,载《犯罪研究》2012 年第 2 期。

④ 详见河北省沧州市东光县人民法院(2015)东刑初字第 00083 号刑事判决书。

⑤ See Heath S. Berger, *Let's Go to the Videotape*: *A Proposal to Legislate Videotaping of Confessions*, Albany Law Journal of Science & Technology165, 174 – 175 (1993).

择性"的证据搜集。① 例如，在"代某某强奸案"中，被害人庭前陈述就有明显被"选择性"搜集的痕迹。②

（二）被害人难以出庭接受质询

《人民法院办理刑事案件第一审普通程序法庭调查规程（试行）》的出台具有重要的意义。在其出台之前，我国法律并未明确规定被害人出庭作证的条件和程序。该规程第 13 条参照了 2012 年《刑事诉讼法》第 187 条第 1 款的规定，③ 将仅限于证人出庭作证的法律规定，扩大适用于被害人，从而弥补了被害人出庭作证的立法空白。在 2012 年刑事诉讼法修改之前，书面审判模式和检察官、法官对待证人出庭的消极态度等原因导致证人的出庭率低下，其中，最突出的问题是争议案件没有证人出庭。④ 为了解决这一现实问题，在修订法律时，2012 年刑事诉讼法确立了上述条款，其立法本意是想通过限缩证人出庭作证的范围，设置"关键证人"应当出庭的法条，迫使司法机关将"关键证人""赶"上法庭。⑤ 修订后的 2018 年《刑事诉讼法》第 192 条第 1 款延续了上述规定。然而，缩小证人出庭的范围，对促进证人出庭、从实质上提高证人出庭作证率不具有实质意义。⑥ 笔者在"中国裁判文书网"检索 2018 年 6 月 1 日至 2020 年 12 月 1 日的刑事一审裁判文书，检索案由为"强奸罪"，共获得有效裁判文书 32836 份。笔者在上述检索结果中继续搜索"被害人出庭"，并未获得强奸案件被害人出庭的裁判文书。这与笔者通过访谈得知的数

---

① 根据笔者了解，全国各地公安机关都会制定绩效考核机制，其中，强奸案件的办理是重要的加分项目。如在 J 省 X 市，强奸案件的侦破公诉是基层派出所考核的重要指标。

② 在"代某某强奸案"，出警记录显示在警察到达现场时被害人一直对犯罪嫌疑人进行言语辱骂，并声称犯罪嫌疑人很穷，如果犯罪嫌疑人不赔偿几万块钱，这件事情不会结束。但是，侦查机关在其后的侦查中仍重点询问被害人被侵犯的详细过程，对被害人与被告人之间是否有钱款交易等细节问题避而不闻。详见（2018）苏 0106 刑初 772 号刑事判决书。

③ 2012 年《刑事诉讼法》第 187 条第 1 款规定："公诉人、当事人或者辩护人、诉讼代理人对证人证言有异议，且该证人证言对案件定罪量刑有重大影响，人民法院认为证人有必要出庭作证的，证人应当出庭作证。"

④ 参见左卫民、马静华：《刑事证人出庭率：一种基于实证研究的理论阐述》，载《中国法学》2005 年第 6 期。

⑤ 全国人大常委会法工委的观点是，规定证人有出庭作证的义务，并不意味着全部刑事案件都要求证人出庭作证，应当根据控辩双方对案件事实的争议情况来确定证人是否需要出庭作证，既保证证人能够出庭作证，又尽量做到诉讼经济。参见黄太云：《刑事诉讼法修改释义》，载《人民检察》2012 年第 8 期。

⑥ 参见杜磊：《审判中心视野下证人出庭作证必要性问题研究》，载《中国刑事法杂志》2020 年第 2 期。

据相吻合——在司法实践中，法官出于保护被害人一般都拒绝要求被害人出庭。①

保障被害人陈述真实性的最佳方式是交叉询问制度，交叉询问制度被誉为"发现案件事实最伟大的法律引擎"，通过交叉询问可以降低或摧毁证词的可信度，甚至瓦解证词的证明力，②进而保障真实的被害人陈述被最终采纳。我国庭审虽未采用交叉询问规则，但是，较为统一、简化的询问规则，基本上可以达到核实人证的效果。③但是，因为我国法律并未限制被害人庭前笔录进入法庭，法官基于对"被害人"庭前陈述的天然"信赖"，一般都不会要求被害人出庭，转而直接采纳"被害人"的书面陈述。在被害人不出庭的情形下，强奸案中许多对被告人有利的事实无法通过被告人与被害人的对质来核实，这极有可能导致无辜者被定罪处罚。

（三）被害人出庭问题难以直接破解

证人"出庭难"的困局无法得以有效破解，④而具体到强奸案件被害人出庭问题，被害人"出庭难"的困境更加难以获得根本性的解决，主要原因有：一是"关键被害人"出庭的立法模式下，对"定罪量刑有重大影响"的理解成为被害人出庭与否的关键，而该理解的最终决定权在主审法官手中。法官基于"职权信赖"，对于庭前所获得的书面被害人陈述一般都非常信任，因此，更倾向于不让被害人出庭。加之案多人少问题严重，法官担心证人出庭导致"节外生枝"，影响案件的审理进度，绝大多数法官会选择不让被害人出庭。二是强奸案件被害人"二次伤害"问题会对法官的心理产生负面影响。一般来说，强奸行为对于被害人的心理创伤都很大，典型的直接后果是强奸创伤综合征，严重的后果有轻生、创伤后应激障碍等。强行要求被害人出庭，极易造成"二次伤害"，甚至引发被害人自杀等恶行事件。例如，在2007年4月，我国台湾地区某女子遭到网友性侵害，她在接到法院的传票后，迫于出庭作证

---

① 笔者通过访谈得知：在J省N市，强奸案件的被害人极少出庭。受访者有J省检察院公诉人、J省N市X区检察院公诉人、J省N市法院法官、J省N市G区法院法官。访谈都以电话方式进行，访谈时间为2020年12月。

② 刘晓兵：《交叉询问质证功能略论》，载《证据科学》2016年第4期。

③ 参见龙宗智：《刑事庭审人证调查规则的完善》，载《当代法学》2018年第1期。

④ "以审判为中心"的诉讼制度改革力图解决证人出庭难的问题，该项制度改革在部分试点城市取得了较好的效果，但是，从总体上来看，证人"出庭难"的问题仍然未能得到有效破解。如魏晓娜教授经过抽样研究发现，在2014年的300个样本案件中，有两件有证人出庭，占全部案件的0.67%，2018年的300个样本案件中，只有1件有证人出庭，占全部案件的0.33%。参见魏晓娜：《以审判为中心的诉讼制度改革：实效、瓶颈与出路》，载《政法论坛》2020年第2期。

的压力卧轨自杀。① 法官在不清楚被害人精神状态的情形下，必然不敢强行要求被害人出庭。而我国被害人出庭保障机制的相对缺失更加加重了法官的心理压力。"保护被害人"的基本理念正好成为法官拒绝要求被害人出庭的"法理依据",② 此理念已经成为法官拒绝要求"关键被害人"出庭的"正当理由"。③ 三是被害人强制出庭机制和无正当理由拒不出庭惩罚机制的缺失导致法官无法强行要求被害人出庭。法律施加"义务"时，要规定违反"义务"时的惩罚，"义务"才会被人所遵守。被害人强制出庭制度、无正当理由拒不出庭惩罚机制的缺失导致法官既无权强制要求被害人出庭作证，也无权惩罚无正当理由拒不出庭的被害人，"强制"被害人出庭自然困难重重。

破解强奸类案件被害人"出庭难"的困境需要从立法模式、制度保障、惩罚机制等几方面入手，除此之外，更要克服司法人员对于强奸案件被害人出庭的消极态度和心理压力。然而，上述每一项改革都面临我国司法制度特殊性和诉讼资源有限性的"桎梏"。在面对"案多人少"而司法资源有限的现实困境下，只有让法官意识到庭前言词证据存在虚假的可能性时，法官才会迫于司法终身责任制的压力而要求证人出庭。"出庭难"问题是实务界与立法界中经久不衰的议题，但直到现在"出庭难"问题仍未得到有效的改观。我们在寻求破解"出庭难"问题的有效路径时，也应当承认"出庭难"问题将会长期存在。基于强奸案件被害人陈述的关键性，在被害人无法出庭的实践背景下，如何有效保障和核验被害人陈述的真实性是强奸罪司法审判中急需解决的重要问题。

三、询问被害人录音录像制度的替代性优势

在"出庭难"困境难以直接破解的语境下，寻求保障被害人陈述真实性

---

① 毛凯欢：《略论刑事被害人出庭的法律问题》，载中国法院网，https://www.chinacourt.org/article/detail/2015/09/id/1711185.shtml，2020 年 12 月 29 日访问。

② 我国法律历来强调对于强奸案件被害人的保护，如 1982 年最高人民法院、最高人民检察院联合颁布了《关于审理强奸案件应慎重处理被害人出庭问题的通知》，该通知第 1 条规定，人民法院开庭审理强奸妇女和奸淫幼女案件时，对于被害人依照刑事诉讼法的规定，愿意出庭向被告人发问、陈述作证和发言辩论的，可以通知被害人到庭；对于被害人不愿出庭的，可不通知其到庭。被害人是否愿意出庭行使诉讼权利和履作证义务，人民法院应当在开庭前征求被害人的意见，并将被害人的意见告知提起公诉的人民检察院。该通知虽于 2013 年废止，但在司法实务中仍产生重要影响。

③ 详见福建省厦门市中级人民法院（2019）闽 02 刑终第 583 号刑事判决书。主审法官在该判决书中明确："一审法院考虑到保护被害人身心健康，未要求被害人出庭接受询问，并无不当，未违反法律规定，上诉人据此要求改判没有法律依据。"

的替代方式成为现实的迫切需求。历次出庭制度改革效果不彰的经验表明，没有得到实际执行者的支持是"出庭难"困境难以破解的主要原因之一。询问被害人同步录音录像制度的构建具备现实基础和经验支撑，不仅有利于保障被害人陈述的真实性，还可以为被害人出庭提供制度供给，有助于推动被害人出庭制度的变革，是保障被采纳的被害人陈述真实性的最佳替代选择。

（一）询问被害人录音录像制度具备推广适用的现实基础

司法制度的设计应当考虑一国的司法实践，脱离实践的司法改革必将被实践所抛弃。录音录像制度于2005年11月1日开始试行，① 于2012年被刑事诉讼法正式确立。2014年公安部颁布的《关于印发〈公安机关讯问犯罪嫌疑人录音录像工作规定〉的通知》中明确："各地公安机关大力加强执法规范化建设，执法办案场所改造基本完成。"现阶段讯问录音录像制度已经逐步全面展开，司法机关已经具备了讯问同步录音录像的技术和设备，借鉴该制度具有充分的现实基础。现有的技术、设备等方面的支撑，使得询问被害人录音录像制度可以轻易地推广适用。

（二）询问被害人录音录像可以保障被害人陈述的真实性

同步录音录像制度保障被害人陈述的真实性主要体现在以下四个方面：一是同步录音录像可以保障询问的合法性，进而保障被害人陈述的真实性。迫于维护社会稳定、完成办案绩效的压力，公安机关具有定罪的天然倾向。强奸类案件的侦破主要围绕被害人陈述进行，在破案之后，侦查程序就从"侦查破案"阶段过渡到"侦查取证"阶段，也就是从这一阶段起点开始，侦查人员的办案思维从"无罪推定"不自觉地转变为"有罪推定"。② 侦查人员就会选择性地获取被害人陈述，以保证前后获得的被害人书面笔录之间可以自相印证。同步录音录像制度的建立可以有效防止公安机关威胁、引诱等违法询问方式的发生，切实保障侦查人员如实详细地记录询问信息。二是在询问被害人的过程中同步录音录像所获取的证据，相对于书面陈述，内容更为丰富、清晰，更能还原出案件的真实情况。联邦上诉法院的法官都承认，录音录像的准确性

---

① 2005年11月1日，最高人民检察院出台《人民检察院讯问职务犯罪嫌疑人实行全程干部录音录像的规定（试行）》，率先规定对人民检察院直接受理侦查的职务犯罪嫌疑人讯问实行全程同步录音录像。

② 参见马静华：《庭审实质化：一种证据调查方式的逻辑转变》，载《中国刑事法杂志》2017年第5期。

有助于发现案件事实。① 三是法官可以通过录音录像观察被害人的态度、神情等，进而判断被害人陈述的真实性，② 将不真实的被害人陈述予以排除，最终确保被采用的被害人陈述的真实性。四是同步录音录像会对被害人心理产生正向影响。同步录音录像制度还会增加被害人真实陈述的信心，监控录像下的被害人不需要担心侦查人员的恐吓行为。总而言之，构建询问被害人录音录像制度有利于保障被害人陈述的真实性，对于查清案件事实、维护公平正义具有重要的积极意义。

（三）询问被害人录音录像为被害人出庭提供制度供给

"职权信赖"下法官对于庭前笔录的信任，导致法官不愿要求强奸案被害人出庭作证，而对被害人出庭可能引发恶性事件的担心，更加加剧了法官不让被害人出庭作证的"决心"。只有打破主审法官对于庭前笔录的"天然信赖"，解开主审法官的"心结"，法官才愿意要求被害人出庭作证。同步录音录像制度的建立，可以使法官了解询问的全过程，进而为其提供两方面重要信息：一是被害人陈述时的状态，包括是否醉酒、是否哭泣、精神是否正常等信息；二是被害人在陈述的过程中有无被诱导、欺骗等信息。前一信息有助于法官判断被害人的精神面貌和陈述的真实性，其中被害人的精神面貌有助于法官考量要求被害人出庭所需承担的风险，而被害人陈述的真实性有助于法官考量要求被害人出庭的现实必要性。后一信息的发现将直接决定法官需要依照言词证据排除规则将庭前陈述排除使用，这将迫使法官将被害人"赶"上法庭，通过法庭质询来保障被害人陈述的真实性。除此之外，这两方面信息同时会成为辩护方要求被害人出庭作证的现实依据，辩护方的压力对于促使被害人出庭也会大有裨益。

（四）询问被害人录音录像是域外强奸案被害人不出庭的有效替代方式

在域外国家，性侵案件的被害人属于脆弱证人的一种。英国、美国、加拿大、法国和德国都规定了脆弱证人可以通过审前证言录像的方式作证，其中，英国、美国和德国还对审前证言录像的程序要求作了明确的规定。③ 以加拿大

---

① See United states v. Torres‐Galindo, 206 F. 3d (1st Cir. 2000), p. 136, 144.
② 参见兰跃军：《被害人作证及其陈述的运用》，载《法学论坛》2012年第2期。
③ 参见张吉喜：《论脆弱证人作证制度》，载《比较法研究》2016年第3期。

为例,《加拿大刑法典》规定了证人可以通过审前证言录像作证的情形。[①] 英国《1999 年少年司法与刑事证据法》也规定对于性犯罪案件被害人,可以通过播放其庭前录音录像的方式代替其出庭作证。[②] 审前证言可以成为替代出庭作证的方式主要有以下三方面的原因:一是根据心理学家艾宾浩斯研究结果,可以得知越临近案发时间,证人的记忆越清晰。在询问被害人的过程中进行同步录音录像所获取的证据,相对于庭审中的证词,更为清晰。二是有学者研究表明,性侵案件的被害人在没有压力的情况下,更有可能提供最准确的证言。[③] 庭审下的作证方式不会带给被害人庭审中的巨大压力,被害人陈述的可靠性更强。三是审前证言录像是被害人和被告人权利衡量后的现实选择,可以有效兼顾被告人和被害人之间的权益。域外的经验给予我们启示:审前询问录音录像有成为被害人出庭作证最佳替代方式的潜力,在被害人无法出庭时,通过播放庭前询问录音录像可以保障被害人陈述的真实性。

(五)询问被害人录音录像制度是利益驱动机制下的最佳替代选择

是否具有内在的利益驱动机制是一项制度能否长久运行的关键。[④] 基于利益衡量的视角,构建询问被害人录音录像制度符合各方的利益诉求。首先,对于被告人来说,在无法有效行使"对质权"的现实语境下,构建询问被害人录音录像制度有利于保障被害人陈述的真实性,有助于将被害人"赶"上法庭以核验被害人庭前笔录。其次,对于审判法官来说,通过询问被害人所获得的录音录像可以获得诸多有效信息,这有助于法官准确审理案件,避免冤家错案的发生。在法官责任终身制与错案责任标准的双重规制下,录音录像制度可以保护法官免受追责。此外,若辩护方能在庭前审查录音录像资料,明确争议点,庭审时法庭仅审查有争议的部分,这将节省庭审时间,提高诉讼效率。最后,对于被害人来说,出庭作证难免会遭受"二次伤害",通过审查录音录像确认被害人陈述真实的前提下,法官不让被害人出庭的决定符合被害人的基本诉求。此外,真实性无疑的被害人陈述还有助于法官建立内心确信,进而惩罚

---

① 《加拿大刑法典》第 715 条第 2 款规定,被害人能够作证但是由于精神或身体上的原因作证有困难,在犯罪发生后合理时间内录制了视频,在符合以下两项条件时,该视频具有可采性:第一,在视频中被害人或证人描述了犯罪事实;第二,被害人或证人在作证时采纳视频的内容。

② See Olivia Smith and Tina Skinner, *Observing Court Responses to Victims of Rape and Sexual Assault*, 7 Feminist Criminology 300, 301 (2012).

③ See A Baddeley, MW Eysenck&MC Anderson, *Memory*, Psychology Press, East Sussex (2009), p48.

④ 参见吴进娥:《被告人刑事速裁缺席审判选择权的构建与运行机制研究》,载《政治与法律》2020 年第 8 期。

罪犯，最终保障被害人的合法权益。

四、询问被害人录音录像制度的运行

询问被害人录音录像制度的构建需从制度的功能定位出发，结合强奸案件的特殊性，进行针对性的构建。询问被害人录音录像制度的顺利运行还需依赖配套机制的完善。

（一）询问被害人录音录像制度的功能定位

功能定位问题是讯问录音录像制度设计和运行的原点。我国讯问录音录像制度在设计时被定位为自律工具——作为规范讯问工作的手段，由此导致制度运行过程中出现难以有效防止虚假供述的逻辑悖论。[1] 构建询问被害人录音录像制度时，只有明确其功能才能发挥出该制度应有的效果。笔者认为，询问被害人录音录像制度应具备两项重要功能：诉讼证据和甄别工具。

首先，从法律和理论层面来说，同步录音录像应当属于诉讼证据。从法律维度来看，我国刑事诉讼法明确规定可以用于证明案件事实的材料，都是证据。规定之所以采用"都是证据"的说法，本身就带有扩大解释的价值取向，[2] 同步录音录像能够证明案件事实自然就属于诉讼证据。从理论的维度来看，无论是书面形式还是视频形式，都是言词证据的一种具体表现形式，实质上并无区别。录音录像相对于书面证词内容更为丰富、准确，具备保障陈述真实性、审查陈述人可信性等优势。[3] 从诉讼证据载体的角度来看，询问录音录像更应当成为诉讼证据，应是被害人出庭作证的有效替代方式。构建询问被害人录音录像制度应当充分发挥录音录像的功能优势。若将该制度的功能人为地限缩为自律工具，维护程序合法性、查明案件实体事实、促使被害人出庭等多元价值就无法有效实现。充分赋予录音录像诉讼证据的功能，有利于在侦查阶段及时"固定真相"，在审判阶段准确"再现真相"，从而有效地避免冤假错

---

[1] 参见秦宗文：《讯问录音录像的功能定位：从自律工具到最佳证据》，载《法学家》2018年第5期。

[2] 参见戴福：《讯问犯罪嫌疑人同步录音录像的证据地位与司法审查》，载《人民法院报》2014年1月1日。

[3] See Edward W. Berg, *Videotaping Confessions: It's Time*, 207 Military Law Review 253, 256-257 (2011).

案。① 录音录像应当成为固定证据、证明案件事实的最佳证据使用。录音录像是询问被害人所获信息的最佳载体,应当明确询问被害人所获录音录像的证据地位,要求录音录像随案移送并作为证据出示。需要注意的是,确定询问被害人所获录音录像为诉讼证据,并不意味着被害人的庭前笔录不具备证据效力。鉴于我国特有的司法构造以及诉讼效率的需要,被害人的庭前笔录仍然可以作为证据使用。

其次,询问被害人所获得录音录像应当成为"甄别"被害人是否应当出庭和是否可以出庭的有效工具。"关键被害人"出庭的立法模式是立法者对于现实的妥协,但在司法运行过程中,要求"关键被害人"出庭作证依然十分困难。我国特有的办案模式决定法庭中出示的被害人庭前笔录一般具有高度重复性的特点。这就导致辩护方很难从被害人陈述中寻找到"突破点",以打破法官对于庭前笔录的"信赖"。当被告人口供与被害人书面陈述相互矛盾时,法官更倾向于相信具有高度重复性的被害人庭前笔录。在强奸案件中,只有打破法官对于庭前笔录的信任,法官才有魄力和动力要求被害人出庭。录音录像是对侦查询问过程的详细录制,其内容具有直观性和生动性,通过详细查看录音录像可以有效帮助控辩审三方"甄别"被询问人陈述的真实性、可信性、准确性以及被害人的精神状况。一旦发现被害人虚假陈述的情形,司法责任制的压力会迫使法官要求被害人出庭。而录音录像中获取的有关被害人精神状态的信息有助于法官决定是否可以要求被害人出庭以及采用何种方式替代出庭。录音录像的甄别功能是破解出庭难的"关键"。需要注意的是,甄别功能的实现还需依赖配套机制的建立,虽然法律已经明确规定,控辩双方对被害人陈述有异议且被害人陈述对案件定罪量刑有重大影响的,法院应当要求被害人出庭。但为了具体落实该条款,法律还应当明确,在强奸案件中,录音录像证实被害人陈述存在虚假的可能的,法官应当要求被害人出庭作证。

(二)询问被害人录音录像的基本要求和特殊要求

完整性和全面性是询问被害人录音录像的基本要求。作为诉讼证据,应强调录音录像对讯问的全程记录。全程记录的前提是,法律应当规定询问被害人

---

① 参见侣化强:《讯问录音录像的功能定位:在审判中心主义与避免冤案之间》,载《法学论坛》2020年第4期。

必须在公安机关或人民检察院进行。① 同时规定在公安机关或者人民检察院进行询问时，必须进行全面的录音录像。完整性则要求每一次询问的过程都应当采用不间断的声音图像同步。询问期间因技术障碍等客观原因无法录音录像的，应当中止询问。中止录制的原因应当且仅限于录制介质缺陷、录制技术故障等客观原因，未录音录像的情况应当及时告知并录制在案，并于再次录音录像的开始阶段，由讯问人员对中止录音录像的情况进行说明以得到被害人的确认。此外，询问被害人录音录像的特殊要求是，在条件允许的情形下，询问被害人同步录音录像时，应当尽可能地采集被害人的面部表情等细节信息，以便控辩审三方"甄别"。

（三）询问被害人录音录像制度的运行程序

1. 询问被害人录音录像的保存

对询问被害人的录音录像的保存，应当严格遵守保密原则，除办理案件需要外，任何人不能对询问被害人录音录像进行查阅、摘抄、复制等，切实保护被害人的合法权利。强奸案件中被害人的隐私需要加以严格保护，我国法律规定对于强奸类案件实行不公开审理，最大限度地保护了被害人的隐私权。同步录音录像的使用范围也应当被严格限定在参与庭审的人员中。需要注意的是，鉴于询问被害人录音录像的特殊性，辩护律师应当严格保护其所获取的询问录音录像，不得将其泄露给案外人，特别是犯罪嫌疑人家属。因司法机关设有专门储存案件中录音录像的场所，案件结束后，辩护律师应当立即将其所获取的录音录像销毁。

2. 询问被害人录音录像的移送

询问被害人所得录音录像应当作为诉讼证据全部随案移送，无需根据案情进行差异化的随案移送，原因主要有四：一是询问录音录像的证据地位要求其应当作为证据全部随案移送。二是全部随案移送不会造成诉讼成本的过度浪费。虽然，核实录音录像确实会耗费大量的时间和精力，但是，对于不认罪认罚的案件来说，一般只有辩护方才会对录音录像产生异议，此时负担核实录音录像的责任在辩护方，因此，不会过多地耗费紧缺的司法资源。而对于认罪认罚的案件来说，辩护方对于案件事实一般都予以认可，不会对录音录像提出异议，自然不会造成司法资源的浪费。此外，司法实践中，检察机关一般采用列

---

① 我国刑事诉讼法规定询问被害人适用询问证人的有关规定，询问被害人地点可以在被害人单位、住址等，必要时也可以通知被害人到人民检察院或公安机关提供证言。为了录音录像的需要，法律应要求询问被害人应当在公安机关或人民检察院进行。

举式的方式进行举证，随案移送的录音录像并不会全部展示，出示录音录像会造成司法资源虚耗的观点也难以成立。三是差别化的随案移送制度难以严格执行，不利于保障被告人的合法权益。差别化的随案移送制度在实际执行过程中，极有可能出现偏差。该制度可能导致认罪后又反悔的被告人及其辩护人难以获取询问录音录像，案件的主审法官可以根据被告人先前的认罪供述直接驳回辩护方的请求，检察官也可以通过各种方式阻挠辩护方获取录音录像。四是强奸类案件被害人陈述虚假的可能性相对较高，这就要求法院应当认真核实被害人陈述的真实性，全部随案移送询问录音录像可以给法官提供核实证据的便利条件。

需要注意的是，2016 年 6 月 14 日公安部颁布了《公安机关现场执法视音频记录工作规定》，并规定公安机关在接受群众报警或者 110 指令后处警后的现场执法活动，应当进行现场执法视音频记录。公安机关执法办案部门负责本部门开展现场执法视音频记录，以及有关设备、现场执法视音频资料的使用管理工作。① 对于受侵犯后被害人直接报警的强奸案件，侦查人员在现场执法过程中一般都会简要询问被害人与案件有关的具体情况，此类信息会被执法记录仪同步录下，属于案发后第一时间获取的重要信息，其准确性、真实性和"新鲜度"都相对较高。因此，强奸案中执法记录仪所记录的视频资料应当作为诉讼证据使用，并随案移送。

3. 询问被害人录音录像的使用

关于录音录像的使用问题：对于认罪认罚案件，公诉方在庭审中无需详细加以展示。对于不认罪认罚的案件，应当确保辩护方在庭审前获取询问被害人同步录音录像，同时利用庭前会议，明确和归纳控辩双方关于询问录音录像的争议焦点，以保证庭审集中进行，提高诉讼效率。

（四）询问被害人录音录像配套机制的完善

1. 以推定机制促进全程录音录像随案移送

讯问录音录像的运行实践表明，没有强力的外部制约，全程录音录像的要求和随案移送的制度很难得以落实。定义为诉讼证据的录音录像，本身就是庭前被害人陈述的最佳载体。一旦录音录像不完整，就意味着证据的形式要件不符合法律的要求，不应当具备证据能力。而录音录像没有随案移送就代表庭前被害人陈述的最佳证据载体没有提交，自然也不具有证据能力。因此，相关法律规范应当规定，询问被害人没有全程录音录像或者录音录像没有随案移送

---

① 参见《公安机关现场执法视音频记录工作规定》第 4 条、第 5 条。

的，庭前被害人陈述一律不得使用。

2. 特定情形下的庭前陈述排除机制

同时，相关法律规范应当规定，在强奸案件中，录音录像证实被害人陈述存在虚假可能的，法官应当要求被害人出庭作证，被害人无正当理由拒不出庭作证的，其庭前陈述及录音录像不得作为证据使用。究其缘由主要有二：一是法院要求强奸案件中的被害人出庭应当以说服为主要方式，强制措施和惩罚措施只能作为"最后的手段"。法律规定上述庭前被害人陈述排除机制有助于法官说服被害人出庭作证。二是当庭对质本身就是被告人应当享有的天然权利。我国刑事诉讼法虽未赋予被告人对质权，但对质权是基于人的基本要求而产生的一项自然权利，它具有跨文化确认的性质。[1] 无论何种形式的庭前陈述都无法全面保障对质权的实现。要求排除被害人庭前陈述不存在法理上的障碍。从公平正义的视角出发，当法官通过录音录像发现被害人庭前陈述存疑时，只有要求被害人出庭接受质询才能发现案件真相。在被害人不愿出庭的情形下，被害人庭前陈述的真实性无法核实，自然不能作为定案的依据。需要注意的是，鉴于强奸案件中被害人庭前陈述的特殊性与重要性，对于录音录像证实被害人庭前陈述存在虚假可能性，而被害人又因客观原因无法出庭的，法官应当采取庭外调查的方式询问被害人，以保障被害人陈述的真实性，正确定罪量刑。

3. 被害人出庭保障机制

我国现有的对于强奸案件被害人作证的法律保护主要来自《刑事诉讼法》第 188 条的规定——有关个人隐私的案件，不公开审理。除此以外，法律并未规定对于被害人出庭作证的保护机制。完善被害人出庭保护机制的具体方式主要包括：确立遮挡作证等出庭作证方式；引入心理辅导机制，对特定案件的被害人进行出庭前的心理辅导。最高人民法院在温州司法系统率先进行了证人出庭制度的有关改革，试图通过科技创新改变证人出庭作证的传统方式。对于特殊案件采用视频作证、遮蔽容貌、变声处理等方式保护证人。[2] 取得了良好的法律和社会效果，值得借鉴并推广适用。

---

[1] 参见龙宗智：《论书面证言的使用》，载《中国法学》2008 年第 4 期。
[2] 参见程银、朱若苏、谢丽珍：《论证人出庭"温州经验"的新挑战与实务应对》，载《法律适用》2019 年第 1 期。

五、结语

在强奸案件中,赋予被告人对质权,要求被害人出庭对质是保障被害人陈述真实性的最优方法。但是,针对"出庭难"的困境,外力强制型的改革极有可能因遭受现实的强烈反抗而失败。构建询问被害人录音录像制度不仅可以有效保障被害人陈述的真实性,为强奸案件的司法认定提供正向助力。而且,通过同步录音录像的制度供给,还可以在一定程度上迫使法官让被害人出庭作证,有助于改变强奸案件被害人不出庭的"传统"。司法的改革应当从实践的角度出发,通过制度之间的相互供给来为改革提供内在动力,只有如此,改革的最终目标才能顺利得以达成。

(责任编辑:黄家星)

论物证的鉴真

——基于物证保管机制的考察

孔祥伟[*]

摘　要：推进以审判为中心的刑事诉讼制度改革，关键在于完善证据制度。物证作为一种客观性较强的实物类证据，从收集取得到提交法庭将会经历提取、运输、保管、送检等多项环节。我国实践中办案人员处置物证缺乏监管，保管场所、保管条件因陋就简等问题比较普遍，因保管不善致使物证发生变质、污染，甚至灭失的现象时有发生。从成因角度分析，物证鉴真规则的功能缺位主要表现为审前取证的简单化、物证保管的粗疏化，以及证据排除的困难化。未来物证鉴真规则的立法构建应从链首鉴真、封装措施与保管笔录等三个方面着力。

关键词：物证　鉴真　证据保管链　保管笔录

一、问题的提出

党的十八届四中全会通过的《中共中央关于全面推进依法治国若干重大问题的决定》（以下简称《决定》）提出了"以审判为中心的诉讼制度改革"这一重大战略命题，并将其视为"推进严格司法"的关键之举。这项重要决策体现了刑事司法规律的内在要求，明确了刑事诉讼制度的改革方向。[①] 基于此，《决定》进一步要求："全面贯彻证据裁判规则，严格依法收集、固定、

---

[*] 孔祥伟，华东政法大学诉讼法学研究中心博士研究生。
[①] 卞建林：《应当以庭审为中心》，载《检察日报》2015年7月16日。

保存、审查、运用证据，完善证人、鉴定人出庭制度。"①

证据制度是程序法治的基石。刑事审判的本质就是一种运用证据证明案件事实的司法活动。长期以来，对口供的依赖及由此引发的"口供中心主义"现象在我国刑事司法领域根深蒂固。为了克服这一顽疾，立法机关通过多次修法逐步在刑事诉讼法中确立了以保障自白任意性为核心要旨的"反对强迫自证其罪"原则。诚然，自白任意性规则的严格实施能够有效保障公民基本权利、遏制侦查机关违法侦查行为，但亦会带来自白的数量减少，甚至排除真实口供等消极后果。② 受之影响，侦查人员获取有罪供述的难度明显上升，刑事诉讼活动不得不逐渐降低对言词证据尤其是被追诉人认罪口供的惯性依赖，转而关注实物证据的收集、运用，由此，实物证据在真实发现中的作用得以凸显。

物证是一种最为基本的实物证据类型。从收集提取到移送法庭，物证将会经历取证、运输、保管、送检、呈堂等多项环节。这些环节有序串成了一条自案发现场流向审判法庭的物证流转链条。在这样一段链条上，收集、运输、保管、送检、呈堂等各项环节都将成为不可或缺并且无法替代的保管链节。在链节上的任何不当操作，都将有损物证本身的证据价值——轻则污损、变质，重则毁坏、灭失。而法庭对于证据的审查判断又必须以证据存在为前提——这种"存在"不仅指客观上的证据在案，更要求实质上的始终同一。那么，究竟应当采行何种机制来规范物证的收集、运输、保管、送检乃至提交法庭，从而抑制物证的动态变化？举证方又应采用何种办法证明其提交法庭的物证来源明确、提取有效、保管妥当？这些问题都是事实认定者在调查、采信物证前所必须面对并解决的预备性事项，也即物证的鉴真问题。

在我国刑事司法实践层面，物证的鉴真一直隐存于证据的审查判断制度之中。1996 年刑事诉讼法修改后，偏对抗式的审判方式改革兴起，证据鉴真逐渐成为庭审环节证据调查活动的一项重要内容。2010 年 6 月，最高人民法院、最高人民检察院、公安部、国家安全部、司法部颁布了《关于办理死刑案件审查判断证据若干问题的规定》和《关于办理刑事案件排除非法证据若干问题的规定》（以下分别简称《死刑案件证据规定》和《非法证据排除规定》，合称"两个证据规定"），其中涉及实物证据鉴真的条文数量达到 27 条。2012 年刑事诉讼法修改后，最高人民法院配套制定了《关于适用〈中华人民共和

---

① 《中共中央关于全面推进依法治国若干重大问题的决定》，载《人民日报》2014 年 10 月 29 日。
② 王景龙：《中国语境下的自白任意性规则》，载《法律科学（西北政法大学学报）》2016 年第 1 期。

国刑事诉讼法〉的解释》（以下简称《最高法适用刑诉法解释》）①。在"证据"一章，《最高法适用刑诉法解释》将上述"两个证据规定"的主体部分加以吸收。至此，一个颇具中国特色的分类式鉴真规则体系开始在我国制定法渊源中逐渐浮现并日趋完善。此后，最高人民法院、最高人民检察院等中央政法机关还在积极总结实务经验的基础上，不断发布有关单一种类证据的运用或特定案件的证据标准的司法解释文件来进一步更新、细化证据鉴真的具体操作方式②。

应当看到，我国鉴真规则从无到有的发展历程，是实务部门对刑事审判的事实认定机制予以反思并努力优化的结果。鉴真规则这一制度创设，不仅是对现有法律漏洞的积极填补，也有效回应了以往司法实践所暴露出的其他诸多问题。但是，偶发式的漏洞填补不能替代系统性地制度构建。在立法、司法乃至理论研究中，鉴真规则始终未能获得应有之关注：一方面，刑事诉讼中的物证管理具有粗放性，部分证据可能会在提取、保管或提交的过程中，因变质、损毁、遗漏、丢失、隐匿、调换等原因，最终无法完整地呈现于事实认定者的面前；另一方面，鉴真不能的法律后果失之于宽，现行证据制度缺乏强力地筛排机制，无法将鉴真失败的实物证据彻底排除出案卷体系之外，举证的一方可以通过若干程序性瑕疵治愈措施使鉴真不能的物证恢复证据能力，而对于举证方瑕疵治愈措施的有效性程度，审判人员往往又掌握着较大的自由裁量权。有鉴于此，为厘清规则重构的争议与难点，破解制度建设的困惑与障碍，本文拟对物证鉴真规则的理论和实践进行梳理、阐释，在准确把握物证鉴真现存问题的基础上，合理探讨制度构建的应然路径，目的是希望以物证鉴真规则的实施为契机促成刑事证据制度的优化和庭审实质化改革的推进。

二、案例的引入：以两起毒品案件为例

毒品犯罪案件具有行为隐蔽、物证易灭失、被告人易翻供等特征，侦查人员的取证工作存在现实困难。也正因如此，毒品犯罪案件中的实物类证据更显弥足珍贵。2012 年 10 月 24 日《检察日报》所载的一则案例与（2013）深中法刑一初字第 234 号案，就毒品犯罪案件中的物证来源认定问题给出了两种截

---

① 最高人民法院《关于适用〈中华人民共和国刑事诉讼法〉的解释》于 2021 年 1 月 26 日修订并通过，修订后 2021 年 3 月 1 日施行。

② 典型例证之一即为 2016 年 9 月最高人民法院、最高人民检察院、公安部联合发布的《关于办理刑事案件收集提取和审查判断电子数据若干问题的规定》对我国电子数据鉴真制度的新发展。

然不同的思路,值得深思。

2012年10月24日《检察日报》报道了一则关于毒品扣押称重与送检称重存在克数出入、检察机关采取"排除"做法的典型案例。2012年9月,江西省南丰县公安机关将涉嫌贩卖毒品的卢某报请南丰县人民检察院审查批准逮捕时,承办检察官发现侦查人员在抓捕现场填写的扣押登记单上,载明现场缴获毒品249.35克,而在当地公安机关的司法鉴定科室,鉴定得出的毒品重量却达到311.97克。遇此情况,负责审查逮捕的承办检察官随即要求公安机关核实毒品数量出入是否系办案干警称重失误所致。侦查机关后提供证言证明,毒品被扣押后直至保管过程中无人触碰。结合其他相关证据考量后,当地检察机关遂以程序违法为由,决定排除扣押登记单上所载毒品重量249.35克这一数据,采信了公安机关司法鉴定科室的鉴定意见。事后,南丰县人民检察院发出检察建议,要求公安机关严格执行法定扣押程序,杜绝类似情形再度发生。南丰县公安局收到检察建议后,专门召开案情分析会,明确要求今后凡侦办毒品案件,一律实施原物原地封存,涉案毒品直接交至专业鉴定机构称重测量①。值得注意的是,就媒体报道的情况来看,承办审查逮捕的检察官在作出排除扣押登记单的决定以前,并没有全面查验涉案毒品的查封、扣押清单或笔录等一系列与封存、保管物证相关的文书材料,亦未详加考察毒品扣押后的保管条件和保存环境,在来源存疑时,检方进行了不利于被告人的认定即排除了登记重量较小的现场扣押单。

卓秋坛贩卖毒品案是毒品犯罪案件审判中比较鲜见的无罪判例。除了存在取证活动失范的问题外,该案还涉及讯问过程实施刑讯逼供等多项重大违法侦查问题,上述多项因素综合作用最终导致该案无罪宣告的结果。由于非法言词证据排除非本文论域,故相关情节笔者不再赘述,仅就本案中毒品物证提取环节的若干瑕疵略以梗概。2013年11月13日,广东省深圳市人民检察院就卓秋坛犯贩卖毒品罪一案向深圳市中级法院提起公诉。被告人卓秋坛当庭表示不认罪,称其出现在被捕现场仅是为了吸食毒品,而非贩卖毒品。卓秋坛辩称,在被抓获现场,其未曾见到过检方指控的大量毒品实物,更未见到侦查人员有当场称量的举动。在其被带到公安机关的当日即遭刑讯,翌日屈打成招,被迫在毒品扣押清单上补签姓名。法庭审查证据时发现,当地公安机关刑警大队提交的深公(宝)刑勘(2013)4-1009号现场勘验记录以及现场照片均系侦查人员勘验现场后的第三天补做。照片显示,现场并无任何痕迹、物品。法庭

---

① 欧阳晶、汪建兴:《现场扣押和送检鉴定的毒品数量为何不一致》,载《检察日报》2012年10月24日。

又查明，在涉案毒品的搜查笔录上，记载搜查时间为 2013 年 3 月 18 日，而扣押决定书和扣押清单上标注的制作时间却为 2013 年 3 月 19 日。根据我国刑事诉讼法及相关司法解释的规定，扣押物证，应当当场制作物证提取笔录、扣押决定书等文件，侦查人员需会同物证所有人或持有人并在在场见证人的监督下逐一清点清楚，开列清单后签字确认。由于此案的扣押过程没有同步录音录像可以证明，面对辩方的质疑，侦控机关不能进行补正或合理解释。法庭遂决定将上述现场勘验笔录、扣押清单、搜查、扣押笔录及其对应的来源存疑的涉案毒品一并排除。排除之后，该案在卷的有效证据仅剩侦查人员出庭所作的证言一份，证明能力单薄，据此，深圳市中级法院判决被告人卓秋坛无罪①。

综观前述两案，不难发现，二者的核心争议均指涉物证的保管环节，但因为迥异的办案思路和不同的法规范适用，两案对相关证据是否予以采信有着不同看法。众所周知，对于毒品犯罪案件来说，毒品、毒赃的数量与构罪的门槛、量刑的轻重直接相关。即使数克微量之差，亦能失之毫厘，差以千里。笔者以为，卢某涉嫌贩毒一案至少有一处值得深思：在并未全面审核现场勘验笔录、扣押清单、搜查、扣押笔录，无法确证物证保管链是否存在动态变化的情形下，检察机关能否直接适用不利于被追诉人的推定，反而将那份制作时间相对更早、似乎更能反映现场实况的扣押登记单予以排除。这一做法的程序自洽性为何？同时，卓秋坛案亦非尽善尽美。此案审理法院广东深圳中院最终援引了刑事诉讼法中的非法证据排除规则将不能补正或作出合理解释的一系列瑕疵笔录连同相应物证予以排除。但事实上，我国《刑事诉讼法》第 56 条②规定的实物证据排除条件较为苛刻，即需同时满足"严重影响司法公正"和"不能补正或者作出合理解释"等两大充要条件。从实践中的惯常情况来看，适用非法证据排除规则排除实物类证据的案例少之又少③，类似卓秋坛案这般扣押、搜查笔录瑕疵明显、刑讯逼供可能性极大的极端案件实属凤毛麟角，多数案件中的瑕疵物证难以达到排除标准。既如此，笔者不禁生疑：在我国的刑事诉讼法律规范体系内，那种针对实物类证据的来源真实性、内容同一性以及保管链条的安全性进行鉴别，并在证据真伪不明时予以排除的证据规则，究竟是否存在？

---

① 参见广东省深圳市中级人民法院（2013）深中法刑一初字第 234 号刑事判决书。
② 我国《刑事诉讼法》第 56 条第 1 款规定："……收集物证、书证不符合法定程序，可能严重影响司法公正的，应当予以补正或者作出合理解释；不能补正或者作出合理解释的，对该证据应当予以排除。"此条表明，我国刑事诉讼法为实物类证据的排除设定了一个较高的标准。
③ 华佳：《非法证据排除规则的适用》，载《人民法院报》2015 年 11 月 11 日。

三、规范的阐释：现行法文本中的物证鉴真

物证鉴真规则的立法始于 2010 年《死刑案件证据规定》。《最高法适用刑诉法解释》基本上完整承继了《死刑案件证据规定》中的各类实物类证据鉴真规则，其中就包含了物证的鉴真规则。根据《最高法适用刑诉法解释》，对物证进行鉴真须重点关注以下几项：第一，据以定案的物证原则上应为原物。第二，在勘验、搜查、检查的过程中扣押、提取物证须附清单、笔录，且笔录、清单上应有原物持有人、侦查人员、见证人的签名，对于物品的名称、数量、特征、质量等信息须注明详细。第三，因原物获取困难而以复制品、录像、照片替代时，应当附有被收集、调取物品之人的签章和复制品、录像、照片的制作人关于原物存放地点、制作过程、复制时间的说明。第四，原物的复制品、录像、照片与原物核对无误，经鉴定为真的，可以作为定案根据。第五，那些不能反映原物特征、外形的录像、复制品、照片，以及未附笔录、清单，无法证明来源的物证，都不得作为定案的根据。

应当指出，上述规定的出台具有划时代的意义，它不仅体现了我国最高司法机关对于此前刑事诉讼中普遍存在的物证来源不明、提取不当、保管不善等问题的高度关注，更在一定程度上使我国长期以来因为没有法律、司法解释的规制，司法人员在物证的审查认定上拥有较大自由裁量权的局面得以改观。其中，对于鉴真不能的物证的排除条款，赋予物证鉴真规则以强力的权威性和制裁性，可保障该规则有效落地。事实上，自物证鉴真规则问世以后，实践中有不少案例的关键物证被其排除，多起案件获得轻判乃至无罪的结果。检察机关亦逐步加强对侦查机关依法提取、妥善保管物证工作的监督和引导。物证的取证瑕疵与保管缺陷也成为刑事辩护的新方向甚至是主攻方向。可见，物证鉴真规范的面世极大地影响了控诉、辩护、审判三方的诉讼活动，使三者的重心由实体真实向程序正义迈进。这些积极影响均不容置否，但也要看到，现有的物证鉴真规则只是刑事证据制度改革中的一小步，它仍存在着诸多亟待改进之处：

一是现有规定侧重取证合法，忽视妥当保管。即使是那些数量不多的关于物证保管的法律条文亦存在不少偏颇。比如，《公安机关涉案财物管理若干规定》第 11 条规定，查封、扣押名贵字画、金银、珠宝、文物等贵重物品时，应同步录像或者拍照，并及时估价、鉴定，必要时，可实行双人保管。而对于普通的涉案物证来说，上述要求并不成立。可见，在公安司法机关看来，不同物证应适用严密性程度有别的保管措施，个中差异主要取决于物的经济价值而

非证明价值。

二是保管人员、机构专业化、专职化水平低。我国的侦控机关一般不内设独立的、仅承担物证管理职责的专职机构。以公安机关为例，公安机关实行以保管部门管理为主、办案部门管理为辅的做法，严禁办案干警自行管理涉案物证，但不排斥办案部门的其他干警负责保管。实践中，有条件的公安机关已开始尝试将涉案物证的保管职责移交警务保障或财务装备部门，但更为常见的情形仍旧是由办案部门的其他干警实施保管或交由其他办案部门交叉保管。在这种办案部门兼掌证据保管职能的状态下，许多侦查人员不经专业训练就开始从事物证的运输、储存工作。并且，"许多侦查机构都缺乏足够的物证存放空间或者足够的设施"。有时，物证交由负责后勤的干警保管，用于保管的设施通常为档案柜或者是装有数百件同类物品的大橱柜①。

三是物证保管人员出庭作证的比例极低。在我国刑事诉讼法中，涉及侦查人员出庭作证的情形只有两处：一是第59条规定的侦查人员就证据收集的合法性问题出庭说明情况；二是第192条规定的"人民警察就其执行职务时目击的犯罪情况作为证人出庭作证"。上述两条规定均与物证的保管活动无关。实践中，除负责收集证据的侦查人员外，其他经手过物证的侦控机关工作人员并无出庭陈述情况的法定义务。有学者就曾指出："如果不要求证据保管人员出庭作证，……则一方面不利于保障辩护方对保管证据的人员进行交叉询问的权利，另一方面也可能导致法官采纳虚假的书面记录。"②

四、问题的原因：鉴真规则的功能缺位

除《刑事诉讼法》第141条"要妥善保管或者封存，不得使用、调换或者损毁"之原则性规定外，我国刑事诉讼法本身对于物证的保管环节再无其他细则规定。实践中，审判机关在审查、认定物证时更加在意取证环节的形式要件是否齐备。譬如，2021年《最高法适用刑诉法解释》第四章第二节多处提及对物证收集程序的形式要求：一是原则上据以定案的物证应为原物；二是在搜查、勘验、检查过程中扣押的物证须附笔录、清单，且笔录、清单上应附有物品持有人、侦查人员、见证人的签名，对于物品的名称、特征、数量、质量等情况要注明详细；三是因查扣原物困难较大而以复制品、照片、录像替代

---

① 刘静坤：《证据动态变化与侦查阶段证据保管机制之构建》，载《山东警察学院学报》2011年第1期。

② 陈永生：《证据保管链制度研究》，载《法学研究》2014年第5期。

时，须有被收集、调取物品者的签章及复制品、录像、照片的制作人关于原物存放地点、制作过程、复制时间的说明。而对于物证在保管过程中的动态变化，2021 年《最高法适用刑诉法解释》第 82 条第 3 项仅笼统要求审判人员着重审查物证在收集、保管、鉴定过程中是否受损或者改变。由于缺乏相应的制裁性后果，此条在实践中的实用性不强。

事实上，前文介绍的两起案例并不是鲜见的个例，此前社会关注度较高的深圳鹦鹉案、天津赵春华案等，均涉及物证保管环节的污染混杂问题。可见，对物证来源真实性证明的忽视，对取证方式和保管措施的宽松化管理，其根源更在于鉴真规则的功能缺位。

（一）鉴真规则不严导致审前取证简单化

证据收集是证据进入刑事诉讼的首个端口。事实上，公安司法机关早已充分认识到合法有效的取证行为对于准确认定案件事实的重要意义。自"两个证据规定"以来的各项刑事证据规范中，无论是具有体系性的《最高法适用刑诉法解释》"证据"章，还是针对单一种类证据的具体规范如 2016 年的《关于办理刑事案件收集提取和审查判断电子数据若干问题的规定》，中央各政法单位一直都在努力加强制度建设以倒逼审前取证程序的精细化再造。考古学领域有这样一句名言："无论是对文物还是对遗址，挖掘就是破坏。"因此，"现场记录对于后续的解析和鉴识工作至关重要"[①]。这也是为什么审判机关在审查、认定物证时十分在意取证环节的形式要件——各类笔录的签字和记载是否详实、齐备的原因。除了物证之外，《最高法适用刑诉法解释》还对书证、视听资料、电子数据等其他实物类证据的收集过程作出了近乎繁琐的技术性规定。

但是，上述规定的实施效果不容乐观。侦查机关粗放式、简单化的取证实践还在一定范围内存在，前文提及的数起案例即为典型例证。这种不规范还体现在保管程序的登记方面，既包括扣押物的特征、数量、来源不清，又包括扣押物的最终去向不明[②]。其实，最高人民法院的司法解释并没有对物证提取程序提出不切实际的要求，不仅如此，多数规定还带有"底线标准"的色彩。例言之，根据《最高法适用刑诉法解释》的规定，在勘验、检查、搜查过程中扣押的物证须附笔录、清单，且笔录、清单上应附有物品持有人、侦查人

---

① Tom Bevel, Ross Gardner, *Bloodstain Pattern Analysis: With an Introduction to Crime Scene Reconstruction*, CRC Press, 2008, p. 232.
② 王志刚：《论 DNA 证据的鉴真》，载《证据科学》2015 年第 3 期。

员、见证人的签名,对于物品的名称、特征、数量、质量等情况要注明详细。客观来讲,上述要求并不苛刻,仅是对《公安机关刑事案件现场勘验检查规则》和《公安机关办理刑事案件程序规定》有关内容的重申。但即便如此,实践中类似的问题仍然屡见不鲜,可以说,审前取证的简单化倾向实源于制裁性后果的欠缺而非规范供给不足。

(二) 鉴真规则缺失导致物证保管粗疏化

根据域外刑事司法实践的经验,建立独立化甚至中立化的物证保管机构以及严格的物证保管链审查机制都是确保物证同一性与真实性的有效措施。其中"证据保管链"(chain of custody)指的是自证据收集取得时起至证据移交法院时为止,有关证据流转、存放以及证据保管人员变动的一切基本情况。"证据保管链的证明要求每一个经手证据的人都提供直接的言词来证明证据的保管过程是连续的。不仅如此,每一个经手证据的人还要证明,在其保管证据期间,证据保持着实质上(essentially)的相同。"①

我国物证鉴真规则的既有规定呈现出取证规范丰富而保管制度匮乏的状态。刑事诉讼法及相关规范性文件侧重于要求办案人员固定取证时的证据状态,而不要求对物证的保管、运输等环节进行详细记录,更不要求接触物证者一律出庭作证。② 多数办案机关仅仅关注证据的规范收集,对收集后的"妥当保管"不以为意。"实际上,证据尤其是犯罪现场上的证据一直处于动态变化之中。证据的增加、改变、重置、模糊、污染或者毁灭,被称为'证据的动态变化'。"③ 保管物证的条件、环境愈不理想,动态变化的可能、幅度和频率就越大。20 世纪中叶以来,美国就曾发生过多起因鉴定结果出错导致被告人被错误定罪的案例,其起因竟都是负责化验的刑事技术人员事先未将被告人与被害人的 DNA 样本分别保管。有美国学者对此评论道:"明尼苏达州、加利福尼亚州、北卡罗来纳州、内华达州和宾夕法尼亚州均曾发生过 DNA 检材在实验室内遭调包或被交叉污染的事故,这些问题使金子般的 DNA 证据渐失光环。"④

---

① Bryan A. Garner (ed.), Black's Law Dictionary, 9th ed., Minnesota: West, a Thomson Business, 2009, p. 260.
② 陈永生:《证据保管链制度研究》,载《法学研究》2014 年第 5 期。
③ [美] W. 杰瑞·奇泽姆、布伦特·E. 特维编著:《犯罪重建》,刘静坤译,中国人民公安大学出版社 2010 年版,第 10 页。
④ William C. Thompson. Tarnish on the gold standard: understanding recent problems in forensic DNA testing. 30 The Champion 1016,(2006).

由于证据保管方面的程序机制短缺，我国司法实践中物证处置活动缺乏监管，保管条件、保管场所因陋就简等问题较为普遍，因保管不善致使物证发生混杂、污染、变质，甚至灭失的现象间或发生，导致鉴定意见出错甚至错判的案例①亦不少见。

（三）鉴真规则失灵导致证据排除困难化

就本质而言，鉴真规则具有证据能力规则的属性。根据刑事诉讼法、2020年《最高法适用刑诉法解释》规定，经审查，那些出示于法庭之上的物证、书证、电子数据、视听资料如不能被证明其确系举证方所声称的那份证据的，该证据的证据资格将被排除。由此可见，证据排除是鉴真规则的核心和关键，庭审则是适用鉴真规则的最主要场合。虽然从审前阶段来看，鉴真规则也能发挥出前置式证据规则的作用，即能够有效"形塑"侦控机关的取证流程，但鉴真规则的制裁性效果和权威主要来自于消极方面，即将那些无法确认可靠性、同一性和真实来源的实物类证据予以排除。

在当下中国，那些经由刑讯逼供、酷刑或变相使用酷刑使被追诉人在精神上、肉体上遭受剧烈痛苦而获取的供述尚难以被非法证据排除规则排除，更毋言这些仅仅在鉴真方面存在缺陷的实物类证据了。"毒树之果"在我国遭遇到的实施困境也将同样困扰着鉴真规则。更何况，当那种英美法系中强力的传闻证据规则和大陆法系中十分严格的直接言词原则尚难以在我国有效贯彻的境况下，证据鉴真主要通过对各类笔录的书面审查完成。即便辩方对检查、搜查、扣押、勘验笔录的记载内容提出质疑，制作笔录的办案人员、旁观检查、搜查、扣押、勘验过程的见证人也不必出庭作证，"鉴真就不可避免地带有形式化的验证性质"②。事实上，根据笔者从上海、北京、福建福州、河北保定等地若干刑辩律师团队调研了解到的情况来看，公安侦查人员在现场勘验、搜查、扣押时不立即制作清单、笔录或清单、笔录所载情况与实际情况有所出入

---

① 比较典型的是 2017 年 F 省高级人民法院再审纠正的缪某故意杀人案。该案侦查机关 F 省 N 市 T 县警方在勘验现场时从案发现场的浴室下水道提取到含有毛发的黏合物。分离出毛发后，T 县警方将毛发样本送到当时毛发 DNA 鉴定技术处于国内领先水平的 L 省公安厅刑科所进行检验比对。2004 年 10 月 8 日，L 省公安厅刑科所作出《L 公刑技（DNA）[2004] × 号鉴定书》，该鉴定书记载送检的 3 根毛发中有 1 根为棕色。然而，侦查机关于 2005 年 2 月 17 日向二审法院合议庭提交的《关于 T 县 "2003.4.19" 杨某被杀案件的物证提取及送检情况的说明》却提到，送检 L 省公安厅刑科所的毛发颜色均为黑色。如此一来，鉴定书与情况说明之间存在重大出入，且该出入直接指向送检样本的同一性。由于侦查机关无法对此作出合理解释，再审法院决定毛发 DNA 鉴定书不得作为定案根据。毛立新：《十四年冤案是如何昭雪的——律师参与福建缪新华冤案平反纪实》，载《中国律师》2017 年第 11 期。

② 陈瑞华：《实物证据的鉴真问题》，载《法学研究》2011 年第 5 期。

的现象并不鲜见,尤其在经济类犯罪中更为普遍。对此,多数法院仍会在控方做出补正或进行合理解释后采信证据。

五、规则的重构:三类鉴真方法的探索运用

(一)链首鉴真仍有待进一步完善

链首,即物证保管链的首端,也就是物证的收集环节。链首鉴真旨在通过完整回溯物证的发现主体、存在环境、提取时间、提取方式、提取主体和在场见证等情况来判断物的来源是否合法、真实和有效。刑事诉讼法及相关规范性文件已经规定了比较完整的关于收集、提取物证的操作规范。侦控机关对于这部分操作规范的遵守程度,是最高人民法院要求各级审判机关、审判人员在审查、判断物证时应当着重把握的内容,比如,扣押、提取清单、笔录上的签名、盖章等形式要素是否齐备,记载、附注内容与原物是否相符等。事实上,前文所归纳出的物证鉴真的现有规范基本上就是以链首鉴真制度为主体架构。既然刑事证据制度已经对物证的收集环节作出了近乎繁琐细密的规定,这是否就意味着此一环节已无需改进呢?

美国法庭科学家布伦特·E. 特维和 W. 杰瑞·奇泽姆曾指出:"犯罪重建人员必须认识到,犯罪现场上的每个证据物品都可能在实际被发现之前经历以下过程: 1. 在犯罪现场被转移或者创造。2. 随着时间的推移发生改变。

3. 随着环境的变化发生改变(雨、热、冷和风)……。"① 此外,那些具有特殊身份的物证发现者也可能基于利害关系而对物证施以一定的外力作用。据此,发现物证的地点及该地的环境条件、发现者的利害身份等因素都有可能导致物证在被公安司法机关掌握前就已发生变化、遭到损毁,影响原物的质和性。另外,物证的封装方式也会对物证的状态产生一定的影响。封装物证的容器、方法与先后次序稍有不当,都将导致物证的毁损和污染。由此可见,一份全面的物证收集、提取、扣押笔录除了应载明物品所有人或持有人、见证人、办案人员的签章及物品的名称、数量、特征、质量等事项外,还应注明物证发现地点、发现者身份信息、提取过程及方法、封装过程及方法、提取、收集过程中物证是否发生改变、毁损或其他不正常现象。

---

① [美] W. 杰瑞·奇泽姆、布伦特·E. 特维编著:《犯罪重建》,刘静坤译,中国人民公安大学出版社 2010 年版,第 163 页。

（二）封装措施也应成为鉴真的内容之一

证据收集后旋即进行密封、包装，这是物证保管链条开始向后延展的主要标志。因此，封装不仅是物证保管的第一步，更是最为重要的一步。"独立而安全地封装不同物品以避免交叉污染是十分重要的。"[①] 以辛普森案为例，美国洛杉矶警方在勘验现场时曾发现了嫌疑人辛普森所遗留的毛发和衣物纤维，这些毛发、衣物纤维如能被规范地提取、保存，本可有效证明犯罪嫌疑人辛普森确实到过犯罪现场这一事实，奈何"负责收集证据的侦查人员严重违反相关规定，随意地将两种证据收纳于同一容器当中……最终导致两份证据皆不可采，因为一个证据可能已被另一证据污染"[②]。由此可见，物证的封装措施理应成为鉴真的内容之一。

在证据理论上，证据规则的实质是，"虽然表面上看似规范法官与陪审员的证据采信行为，但却对侦查人员的证据提取与收集行为也具有相应的规范效力，……具有'一箭双雕'的效果"[③]。基于此，将物证的封装措施纳入鉴真制度的审查范围，或将倒逼侦控机关采取严格、规范、科学的封装操作。所谓封装，涵盖了物证的密封和包装两个方面。密封的目的在于防范那些经手物证者故意篡改证据，而包装的目的则在于防止物证之间相互污染。为此，应当做到以下两个方面：

第一，在收集、取得物证的第一时间就应做好隔离包装、密封保存的工作，以备嗣后检验、鉴定、分析之用。同时，要为同案中的每一件物证都设置独立且连续的编号，做好取证过程情况与物证相关信息的记录工作。物证一旦密闭入库，除非诉讼需要，否则不可轻易启封。另外，为谨慎起见，应在每次启封和重新封装物证时，都安排至少两名非办案部门的工作人员在场，进行见证和现场记录。

第二，封装方法应当根据物证的不同性质特别是理化成分的不同而有所差异。譬如，大多数微量物证都易变质、腐败。因而，此类物证对包装物材质和保管条件的要求较为苛刻。一旦封装不当，或者采用了与其理化成分不相匹配的封装方法，则微量物变质、受损的风险大为上升。美国刑事司法史上也曾发

[①] K. Lee Lerner, Brenda Wilmoth Lerner（eds），*World of Forensic Science*，Kentucky：Gale，2005，p. 548.

[②] Marie-Helen Maras，*Computer Forensics：Cybercriminals，Laws，and Evidence*，Sudbury：John & Bartlett Learning，LLC，2012，p. 209.

[③] 樊崇义：《刑事证据规则立法建议报告》，载《中外法学》2016 年第 2 期。

生过不少化验人员未将 DNA 样本分别包装致使物质混融进而酿成错判的案例。① 总的来讲，恰当的物证封装方法应当具备两项基本条件：一是能够确保物证在存储过程中不发生质变，二是采用该方法不会对物证造成信息流失。例如，DNA 样本应当以透气容器封装，避免冷凝。因为低温极易促使菌类滋生以致降解 DNA 样本②。又如，盛有液体的玻璃容器不得与其他物证放置在一处，因为这类容器一旦碎裂，溢出的液体将会污染到其他物证③。

（三）增设保管笔录，全面记录保管流程

在我国的刑事审前活动中，对于侦控机关而言，无论是现有的法律规范，还是固化的实践习惯，全面记录物证保管活动从来都不是一项硬性要求。根据《刑事诉讼法》第 50 条关于法定证据种类的规定，笔录类证据包含"勘验、检查、辨认、侦查实验等笔录"。此处的"等"仅指侦控机关依法进行的与"勘验、检查、辨认、侦查实验"并列或类似的活动的过程性记录④。可见，我国刑事诉讼法上的笔录类证据并不包括那些记载了证据保管情况的书面文件。且据上文分析，由于刑事诉讼法没有规定物证保管人员就物证保管情况出庭作证的义务，实践中保管人员亲身到庭说明物证动态变化情况的案例寥寥无几。这样一来，如何保证物证在运输、存储环节未遭损毁、改变、混淆、污染？由此形成的鉴定意见是否可靠？当庭出示的物证的真实性又有几何？凡此种种，皆难决断。倘若贸然下判，错案风险极大。有鉴于此，笔者以为，在坚持以保管人员亲身到庭全面说明物证保管情况为原则的同时，应增列保管笔录为《刑事诉讼法》第 50 条规定的笔录类证据的补充，其诉讼功能为辅助证明证据保管链的完整与连续。诚如美国判例所言："为记录证据保管链的文件建册的目的是，让事实认定者能够在无需传唤众多鉴定检验人员出庭作证的情况下确认保管链的存在。"⑤ 同理，未来我国的物证鉴真规则立法也可以采此模式——将审查保管笔录的连续性和完整度作为保管人员确有正当理由不能出庭作证时的替代鉴真措施。

---

① Peterson, *Rebecca Sasser. DNA Databases*: *When fear does too far.* 37 Am. Crim. L. Rev. 1210，(2000).

② National Institute of Standards and Technology, National Institute of Justice, *The Biological Evidence Preservation Handbook*: *Best Practices for Evidence Handlers*, http：//nvlpubs.nist.gov/nistpubs/ir/2013/NIST.IR.7928.pdf，访问时间：2017 年 12 月 13 日。

③ Svensson. A., Wendel. O., *Techniques of Crime Scene Investigation*, 2nd ed., London：Elsevier, 1974, p. 35.

④ 朗胜：《中华人民共和国刑事诉讼法释义》，法律出版社 2012 年版，第 101 页。

⑤ J. E. B. v. State, 606 So. 2d 156, 157（Ala. Civ. App. 1992）.

保管笔录的引入意味着从物证取得之时起，办案人员就应针对每一项物证单独进行记录。自此刻开始直至物证提交法庭，中间所有接触过物证的人员都负有如实记录物证流转、储存等情况的义务。事实上，一个严密无隙的记录体系几乎可以等同于物证保管链。从全链来看，这种记载必须无缝衔接、环环相扣。"证据保管链上任何一个节点出现断裂，都将导致证据不采信，或丧失诉讼价值。"① 而就各段链节来说，记载的内容应当详尽、明确，主要包括：对于取证地点和环境的具体描述、每一位物证处理者的身份及证件号码、物证的整体储存情况、历次流转的持续时间和安全水平②。在链接的节点方面，每次交接物证的过程都要按照时间顺序全面记载，并由交接双方共同对物证的状态进行核验和确认。

此外，在笔者看来，保管笔录制度的全面建立，还需妥善解决以下三个问题：

1. 保管主体：专职人员与独立机构

我国司法实践中处置物证缺乏监管，保管条件、保管场所因陋就简等问题积弊已久。为此，中共中央办公厅、国务院办公厅 2015 年下发的《关于进一步规范刑事诉讼涉案财物处置工作的意见》明确要求"建立办案部门与保管部门、办案人员与保管人员相互制约制度"。目前，仅有检察机关通过内部规范建立起了比较彻底的物证扣押与保管分离制度。根据 2015 年《人民检察院刑事诉讼涉案财物管理规定》（以下简称《涉案财物规定》），检察机关在内设机构上将办案（物证扣押）职能与证据保管职能分立，二者互有分工、相互制约，其中，案件管理部门是物证的主要保管部门，依照有关规定对查封、扣押、冻结、处理涉案财务工作进行监督管理；计划财务装备部门负责对存入唯一合规账户的扣押款项进行管理，人民检察院监察部门依照有关规定对查封、扣押、冻结、保管、处理涉案财物工作进行监督。办案部门扣押、取得物证后，应于 3 日内移交案管部门。此后再要调用、察看物证，需经办案部门负责人批准，并由办案部门和案管部门共同派员在场监督下启封，启封全程录像。相比之下，公安机关作为最主要的侦查机关仍然施行办案部门保管与保管部门保管相结合的制度，以保管部门保管为原则、办案部门保管为例外。值得注意的是，国家监察体制改革后，检察机关的侦查职能大幅转隶至新组建的监察机

---

① K. Lee Lerner, Brenda Wilmoth Lerner (eds), *World of Forensic Science*, Kentucky: Gale, 2005, p. 548.

② K. Lee Lerner, Brenda Wilmoth Lerner (eds), *World of Forensic Science*, Kentucky: Gale, 2005, p. 548.

关,上述《涉案财物规定》的适用范围或将大为收缩。

根据域外刑事司法实践的经验,设置专职的物证保管人员或设置专门的物证保管机构是物证保管工作精细化的必然选择。在澳大利亚和美国,多数州的警察局内部都设置有物证存放处,探员或警察所掌握的任何实物类证据都由物证存放处保管。也有一些州设置了诸如物证保管员一类的专职型的证据保管官员[1],任职者通常为一定级别的警官。从隶属关系上看,物证存放处和物证保管官员仅对其所在警局的最高长官负责,不受干涉,专司其职,亦不得参与具体案件的侦办。

笔者认为,物证管理权本非侦查权、检察权、审判权的应有内涵,剥离公检法三机关的物证保管职能以集中于一独立、统一的物证管理机构将是未来司法管理体制改革的必然趋势。但在目前这种各方面条件均未完全成熟的情况下,实现侦控机关内部保管机构的独立化与专职化是一条相对合理的解决路径。事实上,我国的公安机关已经基本具备独立设置证据保管部门的条件。一方面,各级公安机关大多设有警务保障部门或计划财务装备部门,这些机构与《涉案财物规定》中提及的检察机关案管部门或财务计划装备部门的性质较为相近。另一方面,我国的侦查机关相较于同一级别的美国警务机关而言,人员力量更为充实,划拨部分人员专司物证保管不存在太大的人员编制障碍。基于此,我国公安机关宜尽速设立专司物证保管的内设机构并为其划定专用的保管场所,使那些具体实施取证的办案人员与负责存储物证的保管人员相分离。物证保管人员自此不再参加任何形式的侦查活动,其主要职责就是妥当保管物证,防止污染和混杂。

2. 保管期间:从现场到法庭

从本质上看,保管期间涉及物证保管链的长度和终点。关于物证保管链应终于何处的问题,理论界存在意见分歧。第一种意见主张,"证据保管链的最后环节终止于诉讼中向法庭提供证据的一方当庭出示证据之日"[2],而不论物证本身是否需要接受鉴定或化验。第二种意见认为应对此进行分类讨论,对于那些无需接受鉴定或化验的常量物证来说,其证据相关性主要取决于证人在法庭上对其进行的说明和辨认,所以,常量物证的保管链条必须从扣押时开始直至其被作为证据提交到法庭时为止;而对于那些需要接受化验或鉴定的微量物证来说,由于其证明价值主要取决于专家证人在法庭上所述之专家证言,故

---

[1] 石子坚:《美国警察管理体制与执法规范》,中国人民公安大学出版社 2006 年版,第 341 页。
[2] 杜国栋:《论证据的完整性》,中国政法大学出版社 2012 年版,第 178 页。

而，保管链只需延伸到实验室为止①。

笔者认同第一种观点，原因在于，刑事司法鉴定基本不存在一"鉴"而终局的情况。根据《刑事诉讼法》第 197 条之规定，庭审过程中，当事人、辩护人及诉讼代理人都享有申请重新鉴定的权利。此外，鉴定人接到法院通知却拒不出庭作证的，其出具的鉴定意见将归于无效，此时也将引发鉴定程序的再次启动。事实上，由于样本检材污染、鉴定操作违规等原因，许多复杂疑难案件都会经历两次以上，甚至多次反复的鉴定工作②。如果侦控机关在首次鉴定之后不再重视物证的保存与记录，旋即随意处置物证甚至清理、毁弃，那么，一旦日后重新启动鉴定程序，不仅难以证明先前物证的存在、真实与同一，更会因物证的缺失而产生不利于举证方的证据毁损推断，最终将妨害控辩双方诉讼主张的维系与巩固。基于此，笔者建议，应当将物证保管笔录的覆盖范围界定为从取得物证到物证移交法庭前的全部时段，未来物证鉴真规则的立法可将其表述为："保管笔录是否记载了从扣押、提取物证到物证提交法庭的完整过程。"

3. 交接环节：保管笔录的核心要素

尽管保管笔录能够有效反映物证从扣押、提取直至提交法庭前的完整过程，但是，这种新型的笔录类证据的最核心功能应当是对物证交接环节的如实再现。为此，应要求凡物证发生流转的，交接双方需共同查验移交物的存储状态。如果双方确认移交物的存储状态与保管笔录中的记载相符，则由双方共同在物证保管笔录上签字，并记录下物证交接的地点、时间、事由，同时，接收物证的一方还应向移交方出具收据。如此一来，每一阶段的物证处置者的身份信息及责任归属都可以通过保管笔录得到清晰界定。一旦某一环节的保管人员擅自变造物证或因其失误致使证据损毁，那么，当物证移交予后手保管者时，前后手保管人员对于物证基本状态的记录必定相互龃龉，借此即可推断出物证在何人何时何处发生动态变化。有关机关亦可据此追究经手人员的法律责任。由于这种严格的倒查问责机制的存在，使得所有物证保管者之间形成了相互监督制约的态势，有利于遏制当前物证保管活动粗放化的现象，督促保管人员恪尽职守，切实妥善保管物证。

---

① Paul C. Giannelli, *Chain of Custody and the Handling of Real Evidence Fall*, 20 Am. Crim. L. Rev. 527, (1983).

② 例如，2003 年湖南湘潭黄静案前后历时 4 年时间，共产生 5 份"鉴定结论"。罗力彦：《从黄静案看我国应当设立死因裁判制度》，载《法制日报》2006 年 12 月 24 日。

六、结语

"推进严格司法",就必须重视实物类证据在真实发现中的作用,这将是"我国逐步摆脱以口供为中心的侦查模式与证据审查方式的主要路径"①。但纵观近年来暴露并得到纠正的一系列冤假错案,不难发现,偏信言词证据并非错误裁判的唯一诱因,侦控机关取证活动的规范化程度同样制约着事实认定的质量与效果。客观上讲,当前的司法实践仍与党的十八届四中全会提出的若干要求存在一定差距。尤其是在较为封闭的职权化的侦查体制下,即使办案人员在案发现场成功提取到了客观性很强的物证,但流转、保存乃至检验、鉴定的程序不规范,都将导致证据信息读取失真,给司法证明带来极大的障碍和困难。

党的十八届四中全会关于"贯彻证据裁判规则,严格依法收集、固定、保存、审查、运用证据"的主张,是在全面推进依法治国的战略背景下,以审判为中心的刑事诉讼制度改革对于证据审查判断工作提出的新要求。"以审判为中心的诉讼制度改革"的提出,"为公正司法提供了基本遵循,贯彻落实这项重要改革任务,关键是完善诉讼证据制度"②。在尊重与保障人权这一普世价值和宪法原则下,只有优化取证技术,严守法定程序收集、保管证据,扎实构建以实物类证据为核心的个案证据体系,才能摆脱口供依赖、保障证明效果。鉴真作为证据审查、采信乃至事实认定的逻辑前提,是任何实物类证据在出示以前所必须经历的门槛程序与铺垫机制。在审判阶段,将那些来源不明、提取不当、保管不善的物证予以排除,实则是一种针对控方诉讼行为的无效宣告和程序制裁。由此,庭审的权威性、决定性、终局性以及庭审的中心化地位得以凸显,审判对侦查、审查起诉活动的有效制约得以实现。

毋庸置疑,庭审实质化改革势必给传统的职权主义诉讼模式和流水线式的诉讼构造带来极大的冲击,这种冲击既是当前司法体制与司法工作的现实挑战,也为优化诉讼流程、重塑司法公信力、提升人权保障水平创造了历史契机。对于国家刑事司法制度的顶层设计而言,系统关注并探索建立物证鉴真规则正是以审判为中心的刑事诉讼制度改革的必由之路。

(责任编辑 朱欣琦)

---

① 向燕:《论口供补强规则的展开及适用》,载《比较法研究》2016 年第 6 期。
② 张保生:《审判中心与证据裁判》,载《光明日报》2014 年 11 月 5 日。

举报人行政诉讼原告资格的判断

——最高人民法院第 77 号指导案例裁判逻辑的检视

何天文[*]

摘　要：最高人民法院第 77 号指导案例遵循履行职责之诉的裁判思路，概括地承认了私益举报人的原告资格，虽在一定程度彰显了我国行政诉讼制度的主观性格，但未能明确阐释举报人"合法权益"的内涵，未能证明举报处理行为与合法权益侵害之间的因果关系。依据保护规范理论，"违法行为查处请求权"是判断举报人原告资格的关键，为此必须确定举报处理行为的规范保护目的。本案判决试图以"私益受害人"身份证成举报处理行为的私益保护目的，以行政诉讼辐射保护民事权益，使该判决的指导意义受到削弱。私益举报人与依法旨维护个人利益的处理行为有利害关系，与单纯维护公共利益的处理行为无利害关系，指导案例关于举报人原告资格的认定标准应予补充。

关键词：举报人　举报处理行为　利害关系　保护规范理论

举报是公民、法人和其他组织参与行政管理的重要途径，为行政机关查处违法行为提供证据和线索，有助于促进依法行政并实现公共利益。然而，举报人对举报处理行为不服能否提起行政诉讼，一直是个有争议的问题。直到最高法院颁布第 77 号指导案例，这一问题才有了明确的结论："举报人就其自身合法权益受侵害向行政机关进行举报的，与行政机关的举报处理行为具有法律上的利害关系，具备行政诉讼原告主体资格。"

然而，随着行政审判实践的发展和行政诉讼法理论的推进，尤其是自刘广明诉张家港市人民政府行政复议案以来，保护规范理论逐渐成为原告资格的分析框架，第 77 号指导案例的基本结论也似乎正为学界和实务界所修正，因而

---

[*] 何天文，南开大学法学院博士研究生。

"举报人就其自身合法权益受侵害"而举报,就未必能够取得原告资格。[①]

问题在于:第 77 号指导案例对举报人原告资格的判断是否隐含着某种理论困境,而必然要被另一判断标准所取代?为了回答这一问题,本文拟重新检视第 77 号指导案例的裁判逻辑,剖析其中举报人原告资格的审查标准,深入阐明该标准的法理依据及其可能存在的问题,并在此基础上对本案的指导意义给予客观的评价。

一、第 77 号指导案例的裁判逻辑与指导意义

(一)基本案情

原告罗镕荣向被告吉安市物价局举报,吉安电信公司收取其首次办理手机卡卡费 20 元,违反了《集成电路卡应用和收费管理办法》中不得向用户单独收费的规定,要求被告责令吉安电信公司退还非法收取原告的手机卡卡费,依法查处并没收所有电信用户首次办理手机卡被收取的卡费,书面答复相关处理结果并对其进行奖励。后被告作出书面答复,但该答复将《关于江西电信全业务套餐资费优化方案的批复》(以下简称《批复》)中规定的 UIM 卡收费上限标准进行了罗列,未载明对举报事项的处理结果。原告不服,以答复违法诉至法院,请求撤销被告的答复,判令被告依法查处申诉举报信所涉及的违法行为。

(二)本案争议焦点及裁判理由

举报人罗镕荣是否具备原告资格,是本案焦点之一。

法院认为,举报人就举报处理行为提起行政诉讼,必须与该行为具有法律上的利害关系。法律上利害关系之有无,主要在于举报人是否因自身合法权益受侵害而举报。本案中,"罗镕荣虽然要求吉安市物价局'依法查处并没收所有电信用户首次办理手机卡被收取的卡费',但仍是基于认为吉安电信公司收取卡费行为侵害其自身合法权益,向吉安市物价局进行举报";因此,罗镕荣与举报处理行为具有法律上的利害关系,具有行政诉讼原告主体资格。

根据法院"虽然……但……"的措辞结构,可以得到如下推论:一般性的举报人要求物价局"查处并没收所有电信用户首次办理手机卡被收取的卡费",只是单纯为了维护公共利益,并无原告资格;但罗镕荣是基于自身合法

[①] 赵宏:《保护规范理论在举报投诉人原告资格判定中的适用》,载《北京航空航天大学学报(社会科学版)》2018 年第 5 期。

权益遭受电信公司的侵害而提出查处要求，此时的举报处理行为对他而言，已不纯粹是为了维护公共利益，而同时具有了保护自身权益的效果，据此罗镕荣与举报处理行为产生了法律上的利害关系。

（三）本案举报人原告资格判断标准的指导意义

本案法院对罗镕荣原告资格的审查过程表明，根据自身合法权益是否受到被举报人侵犯，举报人可以分为私益举报人和公益举报人两类：前者作为自身权益的受害者而举报，其举报目的在于维护自身合法权益，因而具有原告资格；后者并无自身权益受损，纯粹是出于对公共利益的关心而举报，不具有原告资格。① 这种区分的诉讼法根据在于，我国行政诉讼的整体构造是以保护公民权益为目的的主观诉讼。与公益举报人相比，赋予私益举报人以原告资格更符合这一目的。

1. 否定公益举报人的原告资格

关于我国行政诉讼制度的功能定位，学界向来有保障个人权益抑或监督依法行政的争论。② 本案否定公益举报人的原告资格，表明我国行政诉讼制度的首要目的是维护公民、法人或其他组织的合法权益，在整体构造上乃是一种主观诉讼，因而只有救济自身受损权益的起诉人才具有原告资格。"监督行政机关依法行使职权"，促进公共利益的实现，虽然也是行政诉讼制度的目的之一，但这种监督是通过保护个人的合法权益而实现的。

举报人立于普通公民的地位，基于宪法、法律赋予的检举、控告权利，向行政机关提供他人违法行为的事实并希望及时查处，纯粹是为了维护公共利益。因而，不论行政机关是否作出处理，都不会影响举报人的合法权益。法律、法规设立举报制度的目的，主要是借助社会力量，缓解行政机关执法资源有限性的问题，使之能够及时掌握违法行为的线索并进行查处，避免因信息不畅而贻误公共利益的维护。如果允许公益举报人对举报处理行为提起行政诉讼，不仅起不到救济人民合法权益的目的，反而会增加法院的负担，浪费司法资源。当然，公益举报人不具有原告资格，并不意味着公共利益不重要或不需

---

① 参见黄锴：《行政诉讼中举报人原告资格的审查路径——基于指导案例77号的分析》，载《政治与法律》2017年第10期。

② 主张我国行政诉讼为主观诉讼的观点可参见刘莘：《行政诉讼是纠纷解决机制》，载《行政法学研究》2009年第3期；江必新、邵长茂：《新行政诉讼法修改条文理解与适用》，中国法制出版社2015年版，第21页；薛刚凌、杨欣：《论我国行政诉讼构造："主观诉讼"抑或"客观诉讼"？》，载《行政法学研究》2013年第4期；彭涛：《论行政诉讼的功能》，载《法律科学》2010年第4期。主张为客观诉讼的可参见贺奇兵：《行政诉讼原告资格审查机制的正当化改造》，载《法学》2017年第4期。

要保护,只是说在主观诉讼模式下,公共利益的维护不应通过行政诉讼的方式来实现。

2. 肯定私益举报人的原告资格

早在彭学纯诉上海市工商局不履行法定职责纠纷案中,私益举报人的原告资格问题就引起了实务界的关注。在该案中,原告彭学纯向被告上海市工商行政管理局投诉,要求其对上海有线电视台戏剧频道播放违法医疗广告,误导其妻子就医时死亡一案进行查处。工商局不予立案后,彭学纯向上海市徐汇区人民法院提起行政诉讼。两审法院都承认了彭学纯的原告资格,判处工商局对投诉进行调查处理。① 然而,该案没有明确阐释举报人原告资格的判断标准,以致长期以来举报人原告资格问题仍然悬而未决。

根据 2000 年最高人民法院《关于执行〈中华人民共和国行政诉讼法〉若干问题的解释》(以下简称《若干解释》)第 12 条的规定,与具体行政行为"有法律上利害关系的公民、法人或者其他组织"有权提起诉讼。这标志着我国行政诉讼原告资格从行政相对人阶段进入法律上利害关系人阶段。通常情况下,行政行为的相对人都具备原告资格,因为一个不利行政行为侵害其合法权益的可能性是明显的。但是,可能受到行政行为侵害的不仅仅限于直接相对人,尤其现代行政往往牵涉各种复杂的利益关系,行政行为的影响越来越多地扩展到第三人。为了保证相对人以外公民、法人和其他组织的诉权,而又不使这种诉权的行使漫无边际,行政诉讼法便规定了"法律上利害关系"这一筛选标准。

本案裁判理由显示,举报人罗镕荣作为举报处理行为相对人以外的第三人,只要满足法律上利害关系的标准,仍可取得原告资格。物价局查处并没收电信局全部违法所得的职责行为,对于权益受损的罗镕荣而言,不仅是维护公益,更是维护私益。法院能够细致区分公益举报人与私益举报人,并运用"法律上的利害关系"标准承认后者的原告资格,在一定程度上实现了充分保障诉权与遏制公益诉讼之间的平衡,有利于发挥行政诉讼的权利保护功能。

二、本案举报人原告资格审查思路的剖析

(一)举报人两种"合法权益"的排除

举报人因自身合法权益受到他人违法行为侵犯而向行政机关举报,就与举报处理行为具有法律上的利害关系。这一简单判断背后的法理依据为何,尤其

---

① 参见最高人民法院公报 2003 年第 5 期。

是对法律上利害关系的理解为何,似乎并不清楚。

对于"法律上利害关系"的含义,学界和实务界尚未形成一致的意见。但根据《行政诉讼法》第2条的概括规定,起诉人要取得原告资格,必须证明其合法权益有可能遭到被诉行政行为的侵害。因此,就法律上利害关系而言,至少包括3个要素:第一,存在一项合法权益;第二,该合法权益归属于原告;第三,被诉行政行为与该合法权益的侵害之间具有因果关系。① 举报人要获得原告资格,也应该满足这3个条件,而本案的首要问题也就变成了罗镕荣是否存在一项合法权益。

首先,可以肯定的是罗镕荣的合法权益并非举报奖励金的获得权。《价格违法行为举报处理规定》第16条规定,价格主管部门应当为举报人保密,并对符合相关规定的举报人给予鼓励。本案举报人曾要求物价局给予举报奖励,如果物价局不依法查处违法行为,将影响罗镕荣获得举报奖励。② 然而举报奖励只是为了鼓励公众举报的积极性,避免公共利益无人问津,而非以此约束行政机关的举报处理行为。对于罗镕荣来说,举报奖励只是一种期待,而不能算作自己的权利。举报奖励依赖于举报线索有效,并且要求举报情况经监督管理部门查证属实并作出行政处理。③ 换言之,罗镕荣能否获得举报奖励,在程序上仍相当不确定。这种"不确定的""遥远的"利益,很难作为一种权利来要求吉安市物价局作出相关举报处理行为,因而本案审理法院也没有从这一角度论证罗镕荣的原告资格。

其次,合法权益并非罗镕荣被违法收费而遭受侵害的民事财产权。行政诉讼是公法诉讼,原告与被诉行政行为之间的利害关系也限于公法上的利害关系。罗镕荣遭遇电信公司违法收费,也只能证明两个平等民事主体之间私法上的利害关系。就被诉行政行为与合法权益侵害的因果关系而言,罗镕荣民事权益的受损并非物价局介入或不介入而导致,物价局并未直接侵犯罗镕荣的财产权。这与违法建筑侵犯相邻权人的采光、日照权不同,后者必须取得相应的建筑许可,否则就无法动工建设;从这个意义上来说,相关部门的许可行为直接

---

① 最高人民法院(2016)行申2560号行政裁定书。关于第三人起诉时诉权的分析结构,参见[德]弗里德赫尔穆·胡芬:《行政诉讼法》,莫光华译,法律出版社2003年版,第244页。
② 参见黄先雄、皮丹丹:《公益性投诉举报类行政案件的诉讼救济问题研究》,载《中南大学学报》2017年第6期。
③ 类似地,《食品药品违法行为举报奖励办法》规定了举报奖励金制度,其目的是"鼓励社会公众积极举报食品药品违法行为,严厉打击食品药品违法犯罪,推动食品药品安全社会共治"。该法第六条规定"举报情况经食品药品监督管理部门立案调查,查证属实作出行政处罚决定"是获得举报奖励的条件之一。

影响着相邻权人的合法权益。

（二）违法行为查处请求权的发现

如果仔细审视本案法院的裁判理由，我们会发现，合法权益是指"罗镕荣通过正当举报途径寻求救济的权利"。法院在判断举报答复的可诉性时指出：根据1990年《行政诉讼法》第11条第1款第5项的规定：申请行政机关履行保护人身权、财产权的法定职责，行政机关拒绝履行或者不予答复的，人民法院应受理当事人对此提起的诉讼；① 物价局"以告知《批复》有关内容代替告知举报调查结果行为，未能依法履行保护举报人财产权的法定职责，本身就是对罗镕荣通过正当举报途径寻求救济的权利的一种侵犯"。在法院看来，举报人因自身合法权益受侵害而举报，实质上是申请行政机关履行保护其财产权的法定职责，行政机关拒绝履行或不予答复，侵犯了举报人"通过正当举报途径寻求救济的权利"。

"通过正当举报途径寻求救济的权利"究竟是什么权利？有学者认为，"通过正当举报途径寻求救济的权利"就是罗镕荣通过举报这一途径意图救济的权利，即遭受被举报人侵犯的民事财产权。② 这一理解有违行政机关与权益侵害之间的因果性，已如前述。笔者认为，"通过正当举报途径寻求救济的权利"应该理解为，请求物价局救济其民事财产权的权利。其实提起履行法定职责之诉的必要条件是，不仅原告要求行政机关保护的权益是其自身合法权益，而且还要享有行政机关给予此种保护的请求权利。对于举报人来说，必须拥有查处违法行为的请求权。

（三）违法行为查处请求权的限制

本案直接将私益举报权等同于请求权，这种思路明显是受到受害人原告资格的影响。《若干解释》第13条第3项规定，"要求主管行政机关依法追究加害人法律责任的"，属于"与行政行为有法律上利害关系"的情形。但受害人原告资格最早是限于治安处罚领域的，并不能毫无限制地扩展到一般的社会经济领域。③

行政机关追究加害人法律责任之所以与受害人具有利害关系，较为有力的

---

① 修订后的《行政诉讼法》第12条第6项具有基本相同的规定。
② 参见黄锫：《行政诉讼中举报人原告资格的审查路径——基于指导案例77号的分析》，载《政治与法律》2017年第10期。
③ 龙非：《行政诉讼中"受害者"原告资格之反思——以德国法作为比较》，载《法律适用：司法案例》2017年第22期。

解释是：要求惩戒违法行为人本身便是受害人权利，这与刑事诉讼法规定的被害人在检察机关不提起公诉的情况下直接向法院提起自诉出于同一原因。① 然而，如果说治安处罚尚可与刑事诉讼类比的话，那么其他行政管理领域则不存在类比的基础，因为警察行政和警察权具有特别的属性。现代行政的基本样态是，暴力性权力为警察权所垄断，公民已放弃以暴制暴的私力救济权，人身权、财产权等合法权益只能依赖警察权的发动来获得保护。② 相反，在一般社会经济管理领域，行政机关本无动用暴力以保护公民权益的紧迫性和必要性，公民尚有多元救济途径可资维护自身权益。

在德国，投诉举报在学理上被称为"请求行政机关干预权"或称为"请求针对第三方作为"。德国的公法学说及实践很早就承认了警察法领域的请求权，但相关法律规范和行政审判实践严格限制投诉举报人的干预请求权，包括金融领域的投资者、市场上的一般消费者、建筑领域的相邻人和环境领域的受害者等。从德国行政法院的实践来看，限制投诉举报人原告资格的制度因素主要有三点：一是行政执法的公共利益导向和行政资源的有限性，宽泛的行政干预将造成"公器私用"；二是民事诉讼与行政诉讼存在权益救济渠道的分工，前者能够更彻底、更有效地保障私权；三是行政权与司法权的功能定位不同，行政诉讼不适宜也无能力界定公共利益并监督合法行政。③

经过多年社会主义法治国家的建设，我国诉讼救济的制度体系逐步建立并完善，已经形成民事诉讼与行政诉讼各自分工、并行不悖的格局。前者解决平等主体之间的民事纠纷，后者解决私主体与公权之间的行政纠纷。对于民事权益受损的举报人而言，民事诉讼才是适当的救济途径。为了节约行政诉讼资源，应将举报人合法权益限于公法权益。

三、本案举报人违法行为查处请求权的查明

（一）请求权与反射利益的区分

根据域外行政诉讼法学理论和实践，起诉人是否享有请求行政机关履行法

---

① 参见最高人民法院行政审判庭：《最高人民法院关于执行〈中华人民共和国行政诉讼法〉若干问题的解释释义》，中国城市出版社 2000 年版，第 28 页。
② 赵宏：《保护规范理论在举报投诉人原告资格判定中的适用》，载《北京航空航天大学学报（社会科学版）》2018 年第 5 期。
③ 龙非：《行政诉讼中"受害者"原告资格之反思——以德国法作为比较》，载《法律适用：司法案例》2017 年第 22 期。

定职责的权利，应以保护规范理论为判断依据。就此必须审查两个问题：第一，是否存在一项课予行政机关一定行为义务的法律规范；第二，此项法律规范的目的是否在于保护个人利益，或者保护公共利益的同时也至少保护个人利益。① 如果法律规范的目的仅仅是保护公共利益，那么即使个人能从公共利益的维护中获得事实上的利益，这种利益也仅仅是反射利益，不能赋予公民请求行政机关执行相应法律规范的请求权。行政的公益属性，决定了个人不享有"普遍的法律执行请求权"。②

在投诉举报领域，法律规范要求行政机关履行查处违法行为的职责，多数情况下是为了贯彻依法行政的精神，维护和追求公共利益。此时，行政职责规范仅仅拘束行政机关，并无对应的请求权。这种制度设计更利于发挥行政机关的机动性和效能性，③ 可以保证行政机关享有充分的活动自由，利用有限的行政资源实现公共利益，避免个人的利益主张对公共利益形成掣肘。除行政许可等依申请的行政行为外，行政程序是否以及何时开启，原则上属于行政机关的裁量范围，由行政机关依职权决定。如此一来，受害人举报只能视为对行政机关的建议，而非对举报处理机关有所请求的权利。

另外，在现代行政法律关系中，公共利益与个人利益相互交错是一种常态。立法授予行政机关查处违法行为的职权，可能兼有维护公共利益和保障个人利益的目的，公民可据此要求行政机关查处违法行为，借此权利保障与依法行政的紧张关系取得合理平衡。所以，在具体案件中，举报人是否享有违法行为查处请求权，仍然需要回归相关行政领域实定法的规范意旨。

（二）保护规范理论在我国行政审判实践的发轫

其实，刊载于《最高人民法院公报》2012 年第 5 期的黄陆军等人不服金华市工商行政管理局工商登记行政复议案，就已经暗含了运用保护规范理论判断原告资格的思想。④ 在该案中，黄陆军等以涉诉公司侵犯其经营权为由申请行政复议，要求撤销该公司的工商核准登记。二审法院认为：（1）东阳市工商局按照公司法对涉诉公司进行工商登记审查，并无对涉诉公司的民事侵权行

---

① 萧文生：《检举奖金与主观公权力——评最高行政法院 97 裁字第 3228 号裁定》，载《法令月刊》2010 年第 7 期。
② 赵宏：《保护规范理论在举报投诉人原告资格判定中的适用》，载《北京航空航天大学学报（社会科学版）》2018 年第 5 期。
③ 参见汤德宗：《行政程序法》，载翁岳生编：《行政法》，中国法制出版社 2009 年版，第 942 页。
④ 参见王贵松：《行政法上利害关系的判断基准——黄陆军等人不服金华市工商局工商登记行政复议案评析》，载《交大法学》2016 年第 3 期。

为进行审查的法定义务；（2）黄陆军等主张的权益损害原因是涉诉公司不履行合同或其他民事侵权行为，并不是工商登记行为，即使撤销涉诉公司的工商核准登记，其权益损害也不能得到恢复。本案表明，如果原告的民事权益不在行政机关履行法定义务时的考虑范围内，原告只能以第三人为被告提起民事诉讼。

在王春等诉环保部环评批复案中，最高人民法院也运用保护规范理论作为"利害关系"的分析框架。最高人民法院指出："如果行政机关作出被诉行政行为时，所适用的行政实体法律规范要求考虑原告诉请保护的利益，或者要求行政机关在行政程序中依法征询或听取原告的意见，应当认为原告与被诉行政行为有利害关系。"就该案而言，被诉环评批复系环保部依据环境影响评价法和《建设项目环境保护管理条例》作出，但环境影响评价制度的立法目的，重点在于对建设项目建成后的环境影响进行分析、预测和评估，一般不考虑建设项目所占土地的征收补偿问题，王春等土地使用权人也就与环评批复没有利害关系。

几乎与第 77 号指导案例同一时期的最高人民法院《关于发展改革部门项目审核批复行政案件原告资格问题的答复》也指出："行政机关作出被诉行政行为时所适用的行政实体法律规范，是否要求行政机关考虑、尊重和保护原告诉请保护的权利和利益，是判断利害关系的标准之一。"①

不难看出，在第 77 号指导案例之前，保护规范理论已经在我国行政审判实践中崭露头角，成为原告资格的另一种分析思路。遗憾的是，保护规范理论的引入还未引起广泛关注，在举报人原告资格问题上，最高人民法院也未能运用该理论判断举报人与举报处理行为的利害关系。

（三）保护规范理论在本案中的适用

本案法院已经意识到，罗镕荣要求查处电信公司并没收全部电信用户被违法收取的卡费，是为了维护全体受害者的公共利益，但因罗镕荣是众多受害者中的一员，所以该职责的履行同时也在保护其自身权益。然而，根据保护规范理论，查处违法行为的职责条款是否在于保护个人权益，是由法规范目的所决定的，不是由举报人作为私益受害者的身份所决定的。

1. 没收违法所得的职责规范未赋予请求权

根据《价格法》第 39 条和《价格违法行为行政处罚规定》第 9 条的规定，经营者不执行政府指导价、政府定价，自立收费项目或者自定标准收费

---

① 最高人民法院（2017）行申 169 号行政裁定书。

的，没收违法所得，可以并处违法所得五倍以下的罚款。这一处罚条款目的在于维护正常的价格秩序，保护消费者和经营者整体的合法权益，并非保护个人权益。① 就此而言，物价局彻查电信公司并没收其违法所得，对罗镕荣来说是一种心理安慰，但这种安慰明显是物价局保护公益时的反射效果，不是处罚条款的目的，不是法律保护的利益。

另外，电信公司因受处罚而不再违法收费，罗镕荣未来新办手机卡时，将会处于公平、有利的消费环境，这种可期待的环境优势仍是反射利益，不是举报人现实的权益。总之，罗镕荣的财产权不会因物价局对电信公司的惩治而获得恢复，受害人的身份也不能改变该法定职责单纯维护公共利益的目的。

2. 责令退还卡费的职责规范赋予请求权

其实，针对吉安电信公司违法收取卡费的行为，举报人罗镕荣请求物价局作出的处理行为有两项，除了没收全部违法所得，还有一项是责令吉安电信公司退还非法收取的自己的手机卡卡费。《价格违法行为行政处罚规定》规定，消费者多付价款的，责令经营者限期退还。不难看出，这一规定的目的在于保护个别受害人的民事权益，罗镕荣借此责令行为，可直接恢复自身受损的财产利益。因而，罗镕荣享有请求物价局责令电信公司退换卡费的权利，并与此项举报处理行为有法律上的利害关系。

四、第 77 号指导案例裁判思路的射程

（一）"私益受害标准"的延续

受第 77 号指导案例的影响，最高人民法院在后续诸多案件中都遵循"私益受害标准"来判断举报人的原告资格。例如，在郭文才诉浚县人民政府不履行法定职责案中，最高人民法院认为：申请人可根据城乡规划法的规定对违反城乡规划行为进行举报，其原告资格建立在"行政机关对于申请的拒绝侵害的是属于申请人自己的主观权利"的基础上。② 在贾文学诉国家认证认可监督管理委员会不履行法定职责、国家质量监督检验检疫总局行政复议案中，最高人民法院认为：举报人与行政不作为存在法律上的利害关系，必备条件之一是"举报人有明确证据证明投诉事项涉及自身合法权益"。③ 然而，无论是

---

① 《价格违法行为行政处罚规定》第 1 条规定，为了依法惩处价格违法行为，维护正常的价格秩序，保护消费者和经营者的合法权益，根据《中华人民共和国价格法》的有关规定，制定本规定。
② 最高人民法院（2017）行申 355 号行政裁定书。
③ 最高人民法院（2017）行申 2705 号行政裁定书。

"申请人自己的主观权利",还是"投诉事项涉及自身合法权益",都只是"私益受害标准"的另一种表述,而没有触及举报处理行为的请求权基础。

"私益受害标准"的深远影响远不止于此。2018年最高人民法院《关于适用〈中华人民共和国行政诉讼法〉的解释》第12条第5项规定,"为维护自身合法权益向行政机关投诉,具有处理投诉职责的行政机关作出或者未作出处理的",与行政行为有利害关系。这一规定明显承继了第77号指导案例的基本结论。尽管现行司法解释强调了投诉人"维护自身合法权益"的目的,但这一强调旨在遏制职业打假人、投诉专业户进行以施加压力为目的的起诉,避免浪费司法资源,① 而并未试图实质性地改变"私益受害标准"。如果投诉人是出于消费目的的购买者,其原告资格仍得到认可。②

(二) 行政审判实践对"私益受害标准"的偏离

然而,如前所述,"私益受害标准"存在着以行政诉讼辐射保护民事权益的理论困境。在立案登记制下,对私益举报人原告资格的承认占用了大量的司法资源,加重了行政审判的负担,但私益举报人的合法权益却并未因此而恢复。这些都促使司法实务界重新确立举报人原告资格的判断标准,保护规范理论再次引起人们的重视。

在梁志斌诉山西省人社厅劳动保障行政监察及山西省政府行政复议决定案中,最高人民法院认为,投诉举报人原告资格的判断取决于:第一,法律、法规或者规章是否规定了投诉举报的请求权;第二,该投诉举报请求权的规范目的是否在于保障投诉举报人自身的合法权益。③ 投诉举报条款规范目的的明确提出,彻底改变了举报人原告资格的认定路径。

无独有偶,在舒玉萍诉广东省司法厅行政处罚决定案中,原告舒玉萍前往"佛山市医学会法医门诊"接案点进行伤情鉴定,因鉴定结论问题向被告广东省司法厅举报而成讼。依据"私益受害标准",舒玉萍作为司法鉴定服务的接受者,应当具有原告资格。然而,最高人民法院认为,当事人向司法行政机关举报、投诉,反映司法鉴定机构存在未经批准擅自设立分支机构并进行非法营业的行为,司法行政机关经调查作出处罚决定,"目的是规范司法鉴定活动,加强对司法鉴定机构的管理,并非为了保护特定的被鉴定人的权益"。故舒玉

---

① 江必新:《论行政诉讼法司法解释对行政诉讼制度的发展和创新》,载《法律适用》2018年第7期。
② 最高人民法院行政审判庭:《最高人民法院行政诉讼法司法解释理解与适用》,人民法院出版社2018年版,第102页。
③ 最高人民法院(2017)行申281号行政裁定书。

萍与该处罚决定不具有利害关系。① 这是在第 77 号指导案例之后，最高人民法院首次运用保护规范理论否定私益举报人的原告资格，足以引起我们的重视和反思。

由以上案例可知，我国司法实践正逐渐放弃"私益受害标准"，并尝试以保护规范理论作为举报人与举报处理行为之间利害关系的分析框架，这导致私益举报人的原告资格遭到限缩。当然，行政审判实践在举报类案件中运用保护规范理论，还存在一些问题，比如：违法行为查处请求权的法律依据应该是行政职责性条款，而非投诉举报条款；法律规范目的的解释不能过于依赖立法目的条款，而应结合相关法条作体系考察和更细致的利益衡量。但无论如何，第 77 号指导案例确立的"私益受害标准"正在被保护规范理论所替代。

五、结语

"原告只能对一个由法律赋予他的或者他本人直接拥有的权利提出主张，而不可以主张他人或者其他团体的权利。市民不应借助一个行政诉讼，把自己变成公共利益的卫士，并由此把行政法院卷入对公共利益的不同阐释的冲突中。"② 举报人就其自身合法权益受侵害向行政机关进行举报，笼统地要求履行职责，查处违法行为，法院应该明确其具体诉讼请求，结合举报处理行为所涉职责条款的保护目的，分别判断其是否具备原告资格，而不是笼统地认定其与举报处理行为具有利害关系，进而肯定其原告资格。因而，举报人原告资格的认定标准，更准确、完整的表述是："举报人就其自身合法权益受侵害向行政机关进行举报的，与行政机关依法旨在维护个人利益的举报处理行为具有利害关系，具备行政诉讼原告资格；与依法旨在维护公共利益的举报处理行为无利害关系，不具备行政诉讼原告资格。"

基于以上探讨，本文尝试重构举报人原告资格的审查路径。举报人自身合法权益未受到被举报行为侵害的，基本上可以否定其原告资格。举报人因自身权益受损而举报的，也不能不加区分地一概赋予原告资格，而应当遵循以下审查步骤：

第一，根据举报事项的具体内容，确认被举报行为所违反的法律规范，以及相应的行政机关查处违法行为的职责规范。第二，将上述规范合并考察，判

---

① 最高人民法院（2017）行申 4924 号行政裁定书。
② ［德］弗里德赫尔穆·胡芬：《行政诉讼法》，莫光华译，法律出版社 2003 年版，第 241—242 页。

断其在维护公共利益的同时,是否兼有保护特定个人或者可确定范围内个人的规范目的。保护范围是否特定,不仅要考量受害者数量的多寡,还要考量受害权益的重要性、侵害的分散程度、诉讼救济的难易程度以及社会发展的长远利益。① 第三,提起诉讼的私益举报人是否处于上述规范的保护范围之内,如果处于该范围,则私益举报人与举报处理行为具有利害关系,可承认其原告资格。

现行司法解释并未充分重视行政审判实践的变化,仍然概括地赋予私益举报人以原告资格,使得我国行政诉讼制度保留着客观诉讼的色彩。其实所谓"维护自身合法权益",不能单从举报人作为私益受害者这一形式标准出发,而必须结合举报请求履行法定职责的规范目的加以判断,只有违法行为的查处旨在保护特定受害者自身利益的情况下,才能承认其原告资格。

(责任编辑 张崇胜)

---

① 参见刘宗德、彭凤至:《行政诉讼制度》,载翁岳生编:《行政法》,中国法制出版社 2009 年版,第 1441—1442 页。

宪法中的国家改革与试验[*]

安德烈·鲁 著 王建学 译[**]

摘 要：试验原本是源于自然科学的方法，其在宪法领域的适用有助于促进国家改革，从而更好实现国家治理体系的完善。通过在有限地域或时间内试验改革措施并进行效果评估，改革的质量得到提升。试验同样具有政治功能，它通过对改革措施有效性的证明，消除了制度变化造成的恐惧和不安，从而使改革更易被接受。《法国宪法》在2003年修正过程中率先规定了两种试验制度。国家试验有助于在不断权力下放的过程中落实辅助性原则。更有意义的是地方试验，它强化了地方自治的宪法原则，并可能带来地方自治团体的差异性权利，成为一个更宏观的法律差异性的前奏。无论是国家试验还是地方试验，都会冲击法律的一致性或稳定性、国家结构的单一性和平等原则，因此应受到宪法委员会和最高行政法院的监督，合比例性审查可以保证试验对单一制和平等原则的减损不超出必要限度。试验制度本身正处于试验过程中，其效果有待于未来长期观察。

关键词：改革 试验 单一制 平等原则 比例原则

试验首先是一种方法，它以对某一现象进行观察为基础，从而总结出某种

---

[*] 本译文受到2018年度国家社科基金项目"比例原则在地方试点中的适用研究"（18BFX042）的资助。本文中的"宪法"一律指法国宪法。

[**] 安德烈·鲁（André Roux），法国艾克斯政治研究院教授，马赛第三大学法学院教授，曾任马赛第三大学法学院宪法司法研究所所长，主要研究比较公法、国际法与欧洲法。王建学，厦门大学—马赛第三大学中法联合培养法学博士，天津大学法学院教授，天津大学北洋学者长聘教授。

一般理论。试验早已在自然科学中得到运用,① 甚至还扩展到文学领域中。② 在法律制度和公共行政中,试验同时也已经被用来证明特定行政改革的妥当性与实际效能。③ 近十几年以来,试验开始正式成为一个法律术语,尤其是写入议会制定的法律。事实上,试验构成了公共政治和国家治理的现代化的一种有益方法。它创造了一种可能性和条件,在一个较小比例的地域或时间内,来衡量试验内容的长处与短处,而这使人们能够在将某一机制推广之前有机会去改善它,或者是在它被证明为没有效率或不妥当时抛弃它。试验同样能够具有一种政治上的功能,它通过对改革措施有效性的证明,消除了制度变化给人们带来的恐惧和不安,从而使一项制度改革更容易被大众所接受。

然而,试验在适用于宪法领域的过程中,与当代宪法既已牢固确立的特定原则之间产生了正面的冲突,其中最明显的是空间性试验与时间性试验。时间性试验,或者旨在以临时性的方式适用某一规范,或者如果它获得肯定性评价则以正式性的方式适用,但无论如何,时间上的试验都会违背继承自卢梭的关于法律的传统观念,即法律必须具备一般性和稳定性。空间性试验,旨在将某一规范适用于全部领土或人口的某一特定部分,它会直接地违反法律面前人人平等的基本原则,因为空间性试验一定是特权和例外的载体。另外,空间性试验也一定会导致违反"共和国不可分割"原则的危险,因为它必然会带来法规范的区域化,易言之,法律适用或法律制度会因地域不同而相互差别。

既然试验与特定宪法原则相互冲突,就有必要使试验宪法化和合宪化,以便能够在规范上将试验付诸实施,并且有效协调试验与宪法原则之间的关系。正是在法国 2003 年修宪过程中,2003 年 5 月 28 日关于共和国分权化组织的宪法性法律的实施正式设立了一种"规范的试验",④ 而这构成了地方分权改革的关键思想之一。法国在 2003 年修宪之后,现行 1958 年宪法中出现了两个关于"试验"的新条款:第 37-1 条和第 72 条第 4 款。因此,目前存在多个而不是一个试验的权利。

《宪法》第 37-1 条是一项对议会和政府的授权性条款,其中规定:"法律或行政法规得为特定目标并于有限期间内包含试验性规定。"此类试验由议

---

① Cf. Claude Bernard, *la Science Expérimentale*, Paris: J. – B. Bailliere, 1876.

② Cf. Emile Zola, *le Roman Expérimentale*, Paris: Flammarion, 1880.

③ Cf. Boulouis,《Note sur l'Utilisation de la Méthode Expérimentale en Matière de Réformes Administratives》, in *Mélanges Trotabas*, Paris: LGDJ, 1970, p. 29.

④ Cf. aussi les propositions de lois constitutionnelles visant à *reconnaître* le droit à l'expérimentation déposées au Sénat (Doc. Sénat, n° 402, 2001–2002) et à l'Assemblée nationale (Doc. A. N., n° 609, 16 janvier 2001).

会或政府启动,此处的"政府"系指宪法第三章规定的总理领导下的内阁即中央政府。因此,该条涉及由国家实施的试验,当然其中显然会涵盖国家与各地方自治团体之间的关系。

《宪法》第72条第4款是一项对地方自治团体的授权性条款,其中规定:"在法律或者行政法规已有规定的情况下,地方自治团体或其联合体视情形可以依照组织法规定的条件,为特定目的并在确定期限内,试验性地减损调整其权限行使的该法律性或者法规性条款,但涉及行使公共自由或者宪法所保障权利的实质条件的除外。"因此,该款授权地方自治团体或其联合体以试验的名义、基于特定目的并在有限期间内违反关于自身权限的法律和行政法规。当然,地方自治团体的这种试验必须以国家批准为前提,且不能涉及公共自由和受宪法保障的权利,并且必须在2003年8月1日关于地方试验的第2003－704号组织法[1]所确定的条件内才得以进行。

考虑到试验权是由若干不同形态的制度所组成的集合体,因此有必要考察其来龙去脉,从而形成关于试验和试验权的更为明确的认识。首先,我们将考察宪法第37－1条。该条确认了国家的试验权也就是由国家所实施的试验,这一确认当然是有益的,但却非十分具有创新性。其次,我们将考察宪法第72条第4款。该款认可了地方自治团体的试验权,与前一条文相比,它代表了一个重要和必要的变革或创新。

一、国家实施的试验:一个有益的确认

在相关宪法规定之前,国家的试验权曾经长期受到司法裁判的约束,从而限制其对平等原则的损害,即损害平等原则。在经由《宪法》第37－1条认可以后,这一权利如今已经能够被用于落实另一个宪法原则,即辅助性原则。

1. 损害平等原则

即使是在2003年修宪以前,试验也已经在国家层面得到频繁和广泛的运用,以至于如果想整理一个试验性法律或试验性法规的规定的清单,这个清单注定会是非常冗长和繁琐的。

限于特定时间内的试验,在被正式采纳以前适用于国家领土的全部,此方面的试验存在若干早期的实例。比如,1975年1月17日关于自愿终止妊娠(IVG)的法律,1988年12月1日创立福利救济(RMI)的法律(被1992年

---

[1] 关于该法律的评论,可以参见 J. －M. Pontier, *AJDA*, 2003, p.1715; F. Crouzatier－Durand, *RFDA*, 2004, p.21。

7月22日的法律最终采纳),1979年1月3日关于地方财政的法律或者1982年8月4日关于企业劳动者自由的法律的特定条款。这些法律开创了在特定时间内试行某种机制的传统。

相比之下,以领土或人口的特定部分为基础的试验则更为频繁,并具有一般化的可期待性目标。

试验同样能够针对国家行政的内部组织形态,以至于它关涉国家的服务组织。比如1962年在4个省份试点实施并于1964年推广普及的改革;或者涉及省长的薪酬和功能的信用管理的全球化,比如2000年在4个省份内试点实施并逐步扩大最终于2004年通过的改革。试验同样也会涉及行政相对人,例如,1988年①在两个省份范围内进行,并于1990年②正式推开的健康与社会会计费试验,或者为雇佣者引入支票服务的试验。试验也可能最终涉及地方自治团体。国家的权限在向地方自治团体转移的过程中,越来越经常地采用预先的试验进行试点从而收集经验,在取得良好的效果之后才在全国范围内推广普及。

在此方面,铁路客运的大区化构成了一个较早的例子:自1997年开始经过了7个省份(即阿尔萨斯、中部、北部加来海峡、卢瓦尔河地区、普罗旺斯 - 阿尔卑斯 - 蓝色海岸、罗纳 - 阿尔卑斯和利穆赞)的试验阶段以后,2000年12月13日关于城市巩固和更新的第2000 - 1208号法律规定了大区铁路客运方面的权限向地方自治团体(法兰西岛和科西嘉除外)的转移。自从2002年1月1日以来,大区又承担起以下责任:决定大区客运公共服务尤其是通达和连接的内容,决定在国家定价系统的框架内的定价,决定使用者的信息与服务的质量。

2002年2月27日关于近邻民主的法律同样采用了试验的原则和方法以向大区转移新的权限,这些权限体现在海港发展、飞机场和文化遗产三个方面。对于这三种权限而言,由国家向大区转移的操作模式是唯一的:自法律公布起一年期限内,候选进行试验的大区与国家就转移的方式达成并通过协议。自2006年起,国家和地方自治团体建立起共同编制试验计划的关系。

同样有必要强调指出,特定的地方自治团体甚至在缺乏法律授权的条件下就毫不犹豫地采用了试验手段。较早的一起实例发生在1986年,伊勒 - 维莱讷省议会实施了财政收入的地方补充金,这一地方自发试验为后来通过法律设立最低财政收入制度提供了经验基础。同样是伊维省,在1988年创立了一个资助跨城镇发展的整体捐助金,试图鼓励财政资源在城镇之间的分配和共享,

---

① Décret n° 88 - 45 du 15 janvier 1988.
② Loi n° 920 - 86 du 23 janvier 1990.

结果这项捐助措施的一部分后来正式成为 1992 年 2 月 6 日的法律和 1993 年 12 月 31 日的法律所创立的均摊制度。

国家诉诸于试验手段显然在宪法层面提出了平等与否的问题，即它是否损害了法律面前人人平等的原则。因而，其实在试验权 2003 年入宪以前，最高行政法院和宪法委员会就已经致力于界定、明确和限制试验权。由于最高行政法院和宪法委员会在规范审查方面存在基本分工，最高行政法院审查行政法规的合法律性，而宪法委员会审查法律的合宪性，因此，试验性条款根据其规范形式的不同而在不同程序中受到审查，若在行政法规中则为最高行政法院的监督对象，若在法律中则为宪法委员会的监督对象。

最高行政法院最早在两个判决，即 1967 年 10 月 13 日判决[1]和 1968 年 2 月 21 日判决[2]中提出了限制和界定试验权的框架，后来在一个相关的咨询意见，即 1993 年 6 月 21 日第 353605 号意见[3]中进一步发展和完善了相关标准。据此，试验必须具有目的正确性和手段适当性，在最宽泛的意义上符合比例原则的基本要求。如果试验性的举措被限制在特定的时间内或者是一个循序渐进的过程的结果，并且它以公共利益为目标，因此能够证明其限制"法律面前人人平等原则"具有正当性，那么，试验性举措就是合法的。

在此方面，德拉戈（Roland Drago）已经明确地指出："最高行政法院已经接受了一个非常有利于国家行政的观点，它致力于建立的最重要的标准就是有限期限标准……而宪法委员会的标准则更为严格。因此，在任何典型的情况之下，行政试验都会比法律试验更易于实现。"[4]

关于通过法律方式实施的试验，宪法委员会的判例起始于 1993 年 7 月 28 日判决，该判决附有详细充足的评论，内容涉及具有科学、文化和职业性质的公共服务。[5] 在此判决中，宪法委员会认定，"立法机关有权设定试验的可能性包括减损性内容——在性质上也可以视新规则的效果来进行后续调整……"，但是立法机关应当"明确地界定此类试验的性质和范围，可以采取此类试验措施的条件……"，以及"试验受到评估的条件和程序及评估后予以维持、修改、推广或废止的条件和程序……"。随后在 1994 年 1 月 21 日的另一项涉

---

[1] Rec., p. 365.
[2] Rec., p. 123.
[3] Rapport public, 1993, Etudes et Documents, la documentation Française, 1993, n° 45, p. 338.
[4] Roland Drago, 《Le Droit à l'Expérimentation》, in *Mélanges F. Terré*, Paris: PUF, 1999, p. 235.
[5] Décision n° 93 - 322 DC du 28 juillet 1993 du Conseil Constitutionnel sur la Loi relative aux établissements publics à caractère scientifique, culturel et professionnel.

通讯自由的判决①中，以及在 1996 年 11 月 6 日关于企业中的集体谈判权的判决②中，宪法委员会逐渐发展出一种"试验的宪法（droit constitutionnel de l'expérimentation）"。③

总而言之，试验除了必须明确和详细地界定其内容以外，宪法委员会还要求最初的文本必须确定一个期限，而且试验不能立即获得延期。另外，立法机关必须规定试验的最终评估条件与程序，从而决定试验内容的维持、修改、推广或废止。最后，试验措施的推广和普及化必须通过一个未来所制定的法律。只有在这些条件之下，试验才没有违反那些宪法规则与原则，尤其是平等原则。这些限制性条件都是为了确保试验既能更好发挥出其应有的试错功能，同时将其对平等原则的减损限制在最小范围内，从根本上说这是比例原则的基本要求。

根据前述宪法判例的既有现状，2003 年修正后新增的第 37-1 条的贡献是什么呢？最高行政法院曾于 2002 年 10 月 11 日就该条款的起草提供一个否定性的咨询意见，认为草案是不够明确的，并且仅局限于重复确认最高行政法院和宪法委员会的判例。最高行政法院提出了一个新的草案，根据新草案的表述，"试验权违反平等原则"似乎旨在迎合宪法委员会在此点上进行审查。④在平等原则领域特别是涉及公共自由的问题时，宪法委员会确实保证了平等原则的严格适用。同样，在司法领域中，宪法委员会确实也曾提出一项原则，据此损害公共自由的同一种类的违反行为不能由两个构成不同的裁判机构进行审判。⑤因此，第 37-1 条的实际作用似乎在于突出了宪法委员会的审查作用。

然而，我们也可以认为第 37-1 条的现实模式在性质上导致了另一种变化，即关于试验触及公共自由的宪法判例在审查立场上更为温和，因为该条同样使宪法上的辅助性原则得到了具体落实。

---

① Décision n° 93-333 DC du 21 janvier 1994 du Conseil Constitutionnel sur la Loi modifiant la loi n° 86-1067 du 30 septembre 1986 relative à la liberté de communication.

② Décision n° 96-383 DC du 6 novembre 1996 du Conseil Constitutionnel sur la Loi relative à l'information et à la consultation des salariés dans les entreprises et les groupes d'entreprises de dimension communautaire, ainsi qu'au développement de la négociation collective.

③ V. F. Crouzatier-Durand, 《Réflexions sur le Concept d'Expérimentation Législative》, RFDC, n° 56-2003, p. 685.

④ F. Crouzatier-Durand, RFDC, n° 56-2003, p. 614.

⑤ Décision n° 75-56 DC du 23 juillet 1975 du Conseil Constitutionnel sur Loi modifiant et complétant certaines dispositions de procédure pénale spécialement le texte modifiant les articles 398 et 398-1 du code de procédure pénale.

2. 辅助性原则的落实

如果说第 37－1 条的新规定能够有利于国家自身的试验，那么它同样能够促进辅助性原则的实施。根据《宪法》第 72 条第 2 款，辅助性原则已经获得了宪法效力。"地方自治团体负责对在其层级能得以最好实施的全部权限作出决定。"

如果说辅助性原则构成了"针对立法机关的一项邀请或劝诱，使其重新考虑公共权力如何介入事务整体，并将更多职权向地方自治团体转移"，[①] 那么，应当同样认识到，关于国家和各地方自治团体之间权限的理想意义上的再分配，辅助性原则却并没有提供任何具体方案。毫无疑问，若要未卜先知地以十分的确定性来判定某一权限在某一个层级能否得以"最好实施"，也注定是非常困难乃至是徒劳无功的。因此，"最好"一词必须同时意味着不仅对公共权力而且对公民来说最有效率和最具竞争力，它不可避免地导致评估的理念也因此必然引入试验的思想。

此外，总理在参议院会议上报告修宪草案时曾解释道，第 37－1 条的目标在于通过试验将国家的权限转移给地方自治团体，从而落实辅助性原则并将国家拉回到它的固有职责上来。这也确认了以下观念：辅助性原则是一个"允诺性而非明确性"的概念，其可操作的属性显然并不是在事前就十分明确的。在公共行为方面，权限的界定同时具有复杂性和演化性，其与普遍性和抽象性的定义是完全不相容的。因此在《宪法》第 37－1 条的作用上，学者认为，它"立即被视为一个实用性的工具，旨在检验实现某一权限的恰当层级"。[②]

正如总理向议会议员报告时所提出的那样，"试验使实用主义占了上风，它是朝向未来转移权限的一个阶段或步骤。当问题简单明了能够获得一致同意时，转移就立即进行；但当问题复杂需要谨慎小心的时候，采取事前的试验措施就具有完全正当的理由"。

最后，2004 年 8 月 13 日关于地方自由与职责的法律基于《宪法》37－1 条所提供的规范基础，在很多领域规定了试验手段。比如，民用机场方面的权限原本属于国家，其权限向地方的转移经过了一个期限不得超过 2006 年 12 月 31 日的试验阶段后，必须在 2007 年 1 月 1 日生效（第 28 条，第四部分）。大区以及最终其他地方自治团体或者甚至公共利益团体，均可以被授予管理机关

[①] J. －F. Brisson,《Les Nouvelles Elefs Constitutionnelles de Répartition des Compétences entre l' Etat et les Collectivités Locales》, *AJDA*, 2003, p. 530.

[②] G. Chavrier,《l' Expérimentation Locale: vers un Etat Subsidiaire?》rapport présenté au Colloque des 22－23 janvier 2004,《Réforme de la Décentralisation, Réforme de l' Etat》, *G. R. A. L. E.*, Paris: Ass. Nat., dans l' *Annuaire* 2004 *des Collectivités Locales*, éd. CNRS, 2004.

的职能和欧洲结构性内容的偿付机关的职能（第 44 条）。

还有另一项以 5 年为期的试验涉及更好区别对未成年人轻微犯罪的刑事处置，这一职能在性质上原本是未成年人法律保护服务（PJJ），是属于法官的职责，试验之后由未成年人法律保护服务和省级地方自治团体分担。在参加试验的那些省级地方自治团体，儿童社会救助服务同样仅通过儿童法官所确定的教育救济措施来实现（第 59 条）。在该法律生效起一年内，省级地方自治团体可以为这一试验设置替代性方案。同样具有试验性质的还有该法律赋予大区参与卫生机构财政资助的权限，以及大区医疗机构的行政委员会采取审议形式开会的手段，其试验的期限是 4 年（第 70 条）。提出试验请求的市镇也可以被赋予执行在居住区回收卫生废物政策的权限（第 54 条），这一试验的期限也是 4 年。提出试验请求的大区和省级地方自治团体，可以被赋予权限去管理饭店行业信贷和处置立法机关归类为历史古迹性质的财产，试验的期限是 4 年（第 99 条）。

前述类型的试验为"检验"何为最好实施相应权限的层级创造了条件，因此有助于促进《宪法》第 72 条第 2 款所规定的辅助性原则的实施。它同样有助于地方自治团体参与权力纵向转移的过程，具体方式是突出地方自治团体的试验性权限转移所导致的各种不便或机能不良，以便国家在最终评估之后采取最为科学有效的方案。

重要的事实是，国家既能够单方面地开启试验，也能够选择"用于试验的豚鼠"，即选定若干地方自治团体作为试验对象，当然前提是征得试验对象的同意。这种情况使得，国家也能"改变地方自治团体之间的力量关系从而在大区层面予以完善"。[1]

然而，如果说试验对国家来说是一项权利，那么，地方自治团体自 2003 年以来同样受益于请求试验的权利。

二、地方自治团体实施的试验：一个必要的创新

《宪法》第 72 条第 4 款经过 2003 年 8 月 1 日组织法的补充，明显为地方立法权的极为可观的扩展创造了条件。它是在考虑既有宪法判例的基础上，由制宪者作出的最终决断。第 72 条第 4 款的地方自治团体试验权极为明确地强化了地方自治的宪法原则。同时，人们还可以进一步思考该条款是否为地方自

---

[1] G. Chavrier, rapport précité.

治团体表达了一种对于差异的垂直性权利。

（一）自治的加强

在《宪法》第 72 条第 4 款生效以后，地方自治团体获得了以试验的名义违反现行有效的法律和行政法规的资格，当然，这些违反法律和行政法规的行为必须以地方性法规为载体。

事实上，早在 2003 年修宪以前，宪法委员会就通过 2002 年 1 月 17 日第 2001-454 号判决分析了关于科西嘉的法律的合宪性，其中认定，科西嘉作为地方自治团体有权变通全国性的法律规则以便适应科西嘉岛的实际。但是正如可预想的那样，宪法委员会反对这样的观点：法律能够授权科西嘉进行在必要时违反现行有效法律规定的试验。宪法委员会认为："具有减损性但时间有限的试验，允许立法机关开启一种可能性，从而使科西嘉作为地方自治团体能够取得本应属于法律领域的立法权限，由此，受指摘的法律实际上介入了只有宪法才能介入的领域。"① 众所周知，对法律的授权只有宪法本身才能作出，因此，通过将减损法律的授权等同于立法权授予，宪法委员会将立法权的统一性和主权的不可分割性放在了比自治原则更优越的位置上。

2003 年 3 月 28 日的修宪则向地方自治团体开放了试验权，同时也向地方自治团体的联合体开放了这项权限，从而使我们的法律通过必要的调整能够更加适应地方的情形。直到 2003 年修改以前，实际上只有海外领地才有资格得到法律授权，从而在法律领域内的事项方面行使立法权。②

《宪法》第 72 条第 4 款规定的地方自治团体的试验与第 37-1 条规定的国家试验具有本质的不同：前者具有完全的任意性。地方自治团体自主地决定以何种方式、在何领域利用试验对象！……即使组织法没有明确的规定，地方自治团体也可以不受任何阻碍地在最终期限之前决定是否放弃试验。

向地方自治团体开放的变通权仅仅涉及"调整地方权限行使的法律规范和行政法规"，这种表述并不十分清晰，因此产生了不同的解释，大体而言主要有两种解释方案。一种解释认为，如宪法性法律草案报告人提出的那样，在立法权中的试验性减损或者关系权限重新分配的规则，或者关系关于权限委托的规则；另一种解释则认为，如组织法草案报告人所主张的那样，《宪法》第

---

① Décision n° 2001-454 DC du 17 janvier 2002 du Conseil Constitutionnel sur la Loi relative à la Corse.
② 这种可能性在 2003 年修宪以来继续存在，海外领地转化为《宪法》第 73 条的海外省和海外大区，以及第 74 条的海外团体。

72 条第 4 款的规定只涉及权限委托的规则。① 笔者认同蓬捷（J.-M. Pontier）教授的观点，② 即这只是法律领域的立法权的转移，而不是试验的转移，试验的转移属于第 72 条第 4 款的调整领域，并且以授权法的存在为前提。

如果说地方试验导致地方立法权的扩张，那么，它并没有因此而挑战主权的不可分割性，也没有损害共和国的不可分割性。

地方试验总是需要由国家予以批准的，具体由议会或者政府根据试验的性质进行批准，并且在批准过程中明确试验的目标和期限，以及何种类型和特征的地方自治团体具体实施试验。不同类型的试验可以包括处在不同情形之下的地方自治团体（超过特定人口数的城市、山区的城镇、海滨城镇等），或者甚至是城镇之间合作形成的公务法人，③ 未来仍需进一步确定的问题是，两个不同类型的地方自治团体（如一个省和一个大区）是否能够准备同一项试验。

地方试验同样受到国家的严格控制。减损法律和行政法规的试验行为必须采取行政行为的载体，并因此受到合法律性原则的审查，国家代表甚至可以向行政法院提出要求中止试验的诉讼，如果行政法院没有作出裁决，在最长为期一个月的时间内，试验行为将丧失其可执行的性质。④ 此外，组织法还规定了一个试验的评估程序⑤：在试验结束之前，政府在评估完成之后必须向议会提交一个评估报告，报告中必须附有参加试验的地方自治团体的观察，以便议会实现"最终评估的目的"。此报告必须说明"地方自治团体所采取的试验措施的效果，特别是公共服务对其服务对象、地方机构和国家所造成的成本和质量，以及它们的财政后果"。此类评估必须适用于任何试验，必须逐案进行。

组织法所规定和细化的这些预防性措施实际上补充了《宪法》第 72 条对地方自治团体试验权的固有限制。

因此，在受到《宪法》第 72 条所规定的"行使公共自由或者宪法所保障权利的实质条件"的质疑时，减损性的试验是不能实施或进行的。就此而言，必须涉及宪法委员会的判例法体系。宪法委员会曾在很多判决中强调，地方自治不能导致关于公共自由的制度被分割，公共自由必须不分地点、不分个人始

---

① V. not. J.-M. Pontier, art. Précit., *AJDA*, 2003, p.1718.
② Ibidem.
③ 《宪法》第 72 条第 4 款规定地方自治团体的"联合体"，这种表述似乎排除了联合会，参见 J.-M. Pontier, art. Précit., *AJDA*, 2003, p. 1717。
④ V. l'art. Lo. 1113-4 du Code Général des Collectivités Territoriales.
⑤ V. l'art. Lo. 1113-5 du Code Général des Collectivités Territoriales.

终是同一和统一的。① 国家在任何情况下都必须保留确定公共自由保障的权限，因此，公共自由必须属于法律保留领域，或者至少是行政法规领域的保留事项，② 地方的试验权不得挑战或质疑这项"国家垄断"。③

组织法没有详细规定不同种类的公共自由和受宪法保障的不同种类的权利是什么。因此在必要情形下，就应当由宪法法官或行政法官来决定这些概念的涵义和范围，以便能够对"基本自由和权利"进行更为现实的保障。

然而，毫无疑问的是，结社自由、教育自由、思想自由、人身自由、表达自由、通讯自由和防卫权，明显地属于公共自由，而"受宪法保障的权利"更多地是那些经济和社会权利（健康权、罢工权、劳动权、工会权、财产权和家庭权等）。然而问题仍然存在，即什么才是行使这些自由与权利的"实质条件"，从既有宪法判例来看，宪法委员会对于这一概念进行了足够广泛的外延扩展，相应地导致了地方自治团体介入这些领域的可能性极大缩减。④

据此，即使是采用临时性或有限性的方式，地方试验权也不能导致在基本自由和权利方面的差异权的表达。基本自由与权利的保障机制的单一性是法律面前人人平等原则得以落实的条件，同时也是国家结构形式单一性的要求。但是，前述差异权在地方试验的领域中是否具有存在的可能性呢？

（二）差异权的表达

法律是普遍适用于国家所有领土范围的，如果其适用出现地域性差异，则会被认为是对共和国的不可分割性和公民在法律面前一律平等这两项宪法原则的背离，此种情况最多只能临时性地存在，必须能够平息对其明显过度滥用的

---

① V Décision n° 84 – 185 DC du 18 janvier 1985 du Conseil Constitutionnel sur la Loi modifiant et complétant la loi n° 83 – 663 du 22 juillet 1983 et portant dispositions diverses relatives aux rapports entre l'État et les collectivités territoriales；Décision n° 93 – 329 DC du 13 janvier 1994 du Conseil Constitutionnel sur la Loi relative aux conditions de l'aide aux investissements des établissements d'enseignement privés par les collectivités territoriales；Décision n° 96 – 373 DC du 9 avril 1996 du Conseil Constitutionnel sur la Loi organique portant statut d'autonomie de la Polynésie française；Décision n° 2001 – 454 DC du 17 janvier 2002 du Conseil Constitutionnel sur la Loi relative à la Corse.

② Décision n° 96 – 373 DC du 9 avril 1996 du Conseil Constitutionnel sur la Loi organique portant statut d'autonomie de la Polynésie française.

③ 同样在《宪法》第73条中，涉及"公共自由保障"的权限亦不得向海外省或海外团体转移。

④ 比如涉及结社自由，宪法委员会（Décision n° 96 – 373 DC du 9 avril 1996）和最高行政法院（Ass., 29 avril 1994, Haut commissaire de la République en Nouvelle Calédonie, *RFDA*, 1994, p. 947）都认为，事前宣告的制度属于实施关于行使公共自由的法律的实质条件。但是，最高行政法院判定，"关于确定负责接受社团宣告的相关机关的规则，只能属于法律的权限"，宪法委员会则认为，这一授权是与宪法相冲突的：法律不得将指定接受社团宣告的机构的权限授予地方自治团体。

担忧。而在此方面，议会业已在辩论过程中表达出对差异性的忧虑。①

人们普遍认为地方试验作为一种手段是对法律的"平等主义的统一性"的持续性消解，并且毫无疑问，承认地方试验就意味着在单一制的共和国中认可了一定程度的差异权，并强化了由国家所决定的"权限的试验性下放"，一种"不均等的地方分权"。此外，提交参议院审议的宪法性法律草案也曾经表达出这样的目标。②

制宪者以及组织法的制定者，并没有十分明显地希望"减损性试验"能够历时长久：减损在原则上具有 5 年的时间限制，并且期满后要么推广要么废止。宪法委员会在其关于地方试验组织法的 2003 年 7 月 30 日第 2003 – 478 DC 号判决中也明确强调，"在地方范围内所试点的新规范只要最终一般化为全国性法律的组成部分，这一规范就属于法律的范畴"③。

尽管如此，仍然如沙夫里耶（Géraldine Chavrier）曾指出的那样，这种认识至少是值得加以细致辨别和区分的。

但我们却有必要指出，如果试验措施在期限届满时效果尚未明朗，则可以由立法机关将试验期限延长 3 年，以便更好评估试验措施的效果。只要提出关于试验前途的法律的修正案，允许再延期一年从而避免中断可能成功的试验并推迟议会议员的审议，法律似乎也无意禁止将延期再次变为 8 年，以至于出现 12 年、15 年甚至更久的试验。④

另外，我们也可以作出以下设想：对法律或行政法规的特定减损可能会在组织法所规定的期限之外幸存下来，不再继续作为临时性的差异，而是成为法律适用中的长期性差异。对行政法规条款的减损可以通过以下方式实现长期化：赋予受益于试验的地方自治团体以特殊宪法地位（如科西嘉的例子），而具有特殊地位的地方自治团体可以对全国性法规进行长期变通。此外，还存在另一个更为常见的方式，即废止试验所减损的法规的特定规定本身。"这些法规条款从法律秩序中消失不见后，地方自治团体就可以借助于其自身基于辅助

---

① 曾有国民议员不假思索地称地方试验会"给共和国的统一性和国家的团结带来损害"，A Chassaigne, Deb. An, 3ᵉ séance du 15 juillet 2003, 国民议会议长则答之曰"碎片中的共和国"，参见 J. – M. Pontier, art. précit. , *AJDA*, 2003, p. 1717。

② Doc. Sénat, n° 402, 2001 – 2002, précit。

③ Décision n° 2003 – 478 DC du 30 juillet 2003 du Conseil Constitutionnel sur la Loi organique relative à l'expérimentation par les collectivités territoriales。

④ 正如组织法的注释者已经提出的那样，曾有议员提出修正案，规定试验的延期或修改仅以一次为限，但这一修正遭到否决，参见 J. – M. Pontier, art. précit. , *AJDA*, 2003, p. 1721；F. Crouzatier – Durand, *RFDA*, 2004, p. 26。

性原则的地方性法规制定权,由此能够各自保留自身的特殊规范。"①

宪法也并未禁止立法机关自身以地方试验的名义将地方性法规对法律的减损长期化,因为授权地方自治团体减损的法律本身是可以由立法机关予以修改的。立法机关可以通过将法律规范的适用范围限于国家领土的某个部分,从而使地方特殊性得到法律层面的考虑和照顾。② 对于此种法律,宪法法官则予以认可,领土整治的现实要求可以导致法律制度的多样化,而不会对共和国的单一性或法律面前人人平等原则构成侵害。③

立法权的统一性以及国家的单一性得以维护的条件,并不必然对应着适用于国家领土整体的法律规则的一致性,正是在此意义上,我们可以讨论"多法律的国家(État plurilégislatif)"。④

因此,地方自治团体以试验为名义而对法律或法规条款的减损,可以成为一个更宏观的法律差异性的前奏,并成为使法律真正适应地方现实的最好的变通手段。然而,下列双重条件依然是必要的:一方面,必须存在要求受益于试验权的地方自治团体,否则,我们必然要对此种要求的范围和数量产生怀疑;另一方面,国家必须以某种方式接受减损的长期化,否则,减损本身肯定远不会得到国家的事前批准。

归根结底,如果认为国家试验和地方试验能够创造出一种原动力,从而导致行政性的地方分权转变为政治性的地方分权,也即"大区化的法国模式",⑤似乎还为时尚早。2003 年的修宪并没有创造试验,它只是在实质上承认了试验,唯一真正重要的创新是关于宪法原则方面的,而它的实现则毫无疑问地受制于实践,它对于国家而言只是一种授权特定地方自治团体临时减损调整其职权行使的法律规范的可能性。易言之,在对地方试验制度改革的真正意义作出好评之前,在某种意义上更适宜对试验进行"试验"。

(责任编辑 张崇胜)

---

① G. Chavier, rapport précit., p. 7.
② 开创这种作法的较早实例有:1986 年 1 月 3 日的"海滨法"和 1989 年 1 月 9 日的"山区法"。
③ 特别参见以下判决:Décision n° 94 – 358 DC du 26 janvier 1995 du Conseil Constitutionnel sur la Loi d'orientation pour l'aménagement et le développement du territoire.
④ 关于这一概念的进一步说明,可以参见[法]安德烈·鲁:《法律的合宪性审查与共和国单一性的维持》,王建学译,载周赟主编:《厦门大学法律评论》(第 25 辑),厦门大学出版社 2015 年版,第 253 页。——译者注
⑤ G. Chavier, rapport précit., p. 8.

《南开法律评论》注释体例

一、总则

（一）提倡引用正式出版物，独著类书籍无须在作者名称后加"著"字；非独著类书籍，根据被引资料性质，应在作者姓名后加"主编""编译""编著""编选"等字样。

（二）文中注释一律采用脚注。文章标题用"*"标注，如需要说明课题项目；作者用"*"或"**"标注；正文采用每页重新注码，注码放标点之后；投稿时用数字加圆圈标注，样式为：①②③等。

（三）非直接引用原文时，注释前加"参见"；非引用原始资料时，应注明"转引自"，应尽可能避免使用"转引"。

（四）引文涉及同一资料相邻数页，注释页码部分可标注为：第×-×页。

（五）引用自己的作品时，请直接标明作者姓名，不要使用"拙文"等自谦词。

二、分则

（一）著作类

1. 注释信息编排方式为：作者姓名：《著作名称》，出版社名称××××年版，第×页或第×—×页。

2. 著作若有副标题，以破折号与标题隔开。

3. 著作的版次紧随著作名称，以"（第×版）""（修订版）"或"（增订）"的方式表示。

4. 合著应标明全部作者姓名。三人以上合著的，第一次出现时，应写明全部作者姓名；第二次出现时，可以在第一作者之后加"等"字省去其他作者姓名。作者姓名之间以顿号（、）隔开。

5. 多卷本著作应在著作名称后，以"（第×卷）""（第×册）"或"（第×辑）"注明卷、册或辑数。

示例：① 王泽鉴：《民法学说与判例研究》（第 1 册），北京大学出版社 2009 年版，第 4 页。

（二）论文类

1. 注释信息编排方式为：作者姓名或名称：《文章名称》，载《期刊名称》××××年第×期。

2. 须在期刊杂志名称之前加"载"字，辑刊或文集论文须在主编者名称之前加"载"字。

3. 以"××××年第×期"标注期刊杂志的出版时间，不使用"第×卷第×期"的标注方式。

示例：① 苏永钦：《私法自治中的国家强制》，载《中外法学》2001 年第 1 期。

（三）文集类

1. 注释信息编排方式为：作者姓名：《文章名称》，载×××主编/等：《著作名称》，出版社名称××××年版，第×页。

2. 译著类文集注释信息编排方式为：作者姓名：《文章名称》，译者姓名译，载×××主编/等：《著作名称》，译者姓名译，出版社名称××××年版，第×页。

示例：①［美］J. 萨利斯：《想象的真理》，载［英］安东尼·弗卢等：《西方哲学演讲录》，李超杰译，商务印书馆 2000 年版，第 112 页。

（四）译作类

1. 书籍类注释信息编排方式为：［国别名］作者姓名：《著作名称》，译者姓名译，出版社名称××××年版，第×页。

2. 论文类注释信息编排方式为：［国别名］作者姓名：《论文名称》，译者姓名译，载《期刊名称》××××年第×期。

示例：①［法］卢梭：《社会契约论》，何兆武译，商务印书馆 1980 年版，第 55 页。

（五）法典类

注释信息编排方式为：《法典名称》，译者姓名，出版社名称××××年版，第×页或第×-×页。

示例：①《德国民法典》（第3版），陈卫佐译注，法律出版社2010年版，第76页。

（六）报纸类

1. 注释信息编排方式为：作者姓名：《文章名称》，载《××日报或报》××××年×月×日×版或第×版，如果查不到具体版数，可以不录。
2. 采访类文章应注明记者姓名。

示例：① 刘均庸：《论反腐倡廉的二元机制》，载《法制日报》2004年1月3日第5版。

（七）古籍类

1. 应注明责任人、书名、卷次或责任人、篇名、部类名、卷次、版本等。
2. 常用古籍可以不注明编撰者和版本。

示例：①《史记·秦始皇本纪》。

（八）辞书类

参照书籍类著作的注释体例。

示例：①《新英汉法律词典》，法律出版社1998年版，第24页。

（九）外文类

依从该文种注释习惯。

（十）网络文献类

网络文献需附网址及访问日期。

《南开法律评论》编辑部